Ana Beker, Amazona de las Américas

La extraordinaria hazaña de una mujer a caballo desde Argentina a Canadá

por

Ana Beker

TROTAMUNDAS PRESS

Trotamundas Press Ltd.
The Meridian, 4 Copthall House, Station Square, Coventry
CV1 2FL, UK

"Ana Beker, Amazona de las Américas"

Primera Edición 1957, Editorial la Isla, Buenos Aires

copyright © 2008 de esta edición, Trotamundas Press Ltd.

ISBN: 978-1-906393-10-6

Trotamundas Press es una editorial especializada en literatura de viajes escrita por grandes viajeras provenientes de distintos países y culturas diversas. Nuestra misión es publicar obras escritas por grandes viajeras e impedir que caigan en el olvido. Las historias que publicamos son todavía relevantes en nuestro mundo actual para ayudarnos a comprender mejor las distintas culturas que nos rodean. También publicamos literatura de viajes escrita por viajeras actuales.

www.trotamundaspress.com

Ana Beker

Muchos conocen la hazaña del suizo Aimé Felix Tschiffely, que con los caballos Gato y Mancha cruzó la enorme distancia entre Buenos Aires y Nueva York en los años 1930, hazaña que en su momento causó gran impacto.

Veinte años mas tarde, Ana Beker, Argentina, recorrió con la compañía de dos caballos, no sólo la misma distancia que Tschiffely, sino que le ganó en términos de records, pues desde Nueva York siguió hacia el norte, hasta Montreal y Ottawa, en el mismísimo Canadá.

Las andanzas de esta aventura quedaron reflejadas en el libro "Amazona de las Américas" publicado en 1957. Es una obra en la que se menciona el mundo ya casi desaparecido de los países latinoamericanos donde la vida tradicional estaba rápidamente desapareciendo para dar paso a nuevos adelantos tecnológicos y mercantiles.

El viaje comenzó el 1 de octubre de 1950 en Buenos Aires con los caballos Churrito y Príncipe y acabó el 6 de julio de 1954 cuando Ana Beker desmontó frente a la embajada argentina en Ottawa en compañía de los caballos Chiquito y Furia, reemplazantes de los caballos iniciales, que fueron víctimas de los rigores afrontados durante el largo viaje.

En este largo recorrido, Ana Beker atravesó Argentina, Bolivia, Perú, Ecuador, Colombia, Panamá, Costa Rica, Nicaragua, Honduras, Guatemala, México y de Texas volvió a partir rumbo a Nueva Orleáns, Washington, Nueva York y Montreal hasta llegar a Ottawa.

Entre las peripecias pasadas, Ana Beker cuenta el pedido de matrimonio de un cacique, como atraviesa sin dificultad la guerra civil en Colombia, su encuentro con un buscador de tesoros en el lago Titicaca y su escape de los cazadores de vicuñas.

En Bolivia estuvo dos meses perdida, sin poder salir de sus montañas. Entre Costa Rica y Guatemala, la asaltaron unos bandidos. En México volvieron a asaltarla, pero ningún percance fue capaz de detener a esta valiente mujer durante los tres años y ocho meses que duró su extraordinaria aventura.

El viaje contaba asimismo con el auspicio de Eva Perón. Ana conoció pastores y campesinos, ciudades provincianas y grandes urbes, iglesias y fincas señoriales, montañas inmensas y selvas, poblaciones aisladas y tribus primitivas. Había seguido desde Rosario hasta Santa Fé y de ahí por Santiago del Estero hasta Tucumán. Por La Quiaca llegó hasta Oruro y desde el lago Titicaca alcanzó Cuzco para ir desde allí a Nazca y seguir el camino de la costa peruana hasta Guayaquil, en Ecuador. Se internó en los Andes, pasó Quito y cruzó Colombia hasta el puerto de

Turbo, sobre el Caribe, donde comprobó la imposibilidad de atravesar la selva de Darién. Embarcó entonces en Cartagena y de allí a Colón, en Panamá. Tras pasar por ciudad de México llegó a Tampico, desde donde bordeó el Golfo de México hasta Nueva Orleáns para continuar por los Montes Apalaches, que atravesó a la altura de Washington, ya en la antesala de Nueva York y Montreal.

El libro de Ana Beker inspiró a toda una generación de expedicionarios a caballo. Desafortunadamente, mas tarde poco o nada se menciona de esta gran aventura, una gran hazaña que quedó relegada al olvido.

Esta nueva edición del libro de Ana Beker pretende rescatar su obra y colocarla de nuevo en el lugar que le corresponde para que vuelva a ser disfrutada por los amantes de los libros de viajes llenos de emoción y aventuras en los que la vida misma resulta ser mas interesante que la ficción.

CAPÍTULO PRIMERO

SUEÑO DE CHACARERA

Siendo aún niña, dos grandes emociones solicitaban, por igual, mi espíritu. Una de ellas, la soledad de la pampa; la otra, me la deparaba el caballo, esa noble bestia, pastando en libertad bajo el cielo.

Es difícil explicar a la gente de las grandes ciudades por qué se ama tanto la desnuda pampa argentina. He oído referir cómo se sienten apegados al mar los hombres que lo navegan. Pues bien: la pampa es como el mar verde, no eternamente igual, pues para nosotros, criados en la llanura, cambia de continuo su fisonomía y ofrece siempre nuevos encantos.

Mis padres eran letones, de origen campesino, que se radicaron en la Argentina. Yo, campesina de nacimiento, nací en Lobería, provincia de Buenos Aires, y seguí a mis padres en su busca de la buena tierra y en su afincamiento. Me crié en Algarrobo, partido de Villarino.

A los cuatro años me abrazaba a las patas de los potrillos que nacían y crecían en la chacra. Mi predilección por los caballos, sobre todo cuando se crían esbeltos y valientes, data de la época en que empecé a razonar. Era una mocosuela, cuando ya me escapaba a media noche de la cama para dar de beber a los caballos. Mi padre me lo prohibió varias veces y sufrí por ello fuertes reprimendas. Pero no podía soportar la tentación: montar en pelo, sobre el lomo fresco del animal, cuando allá arriba brilla el lucero y abajo croan los sapos y los grillos cantan monótonos. Quería estar segura de que los animales se hallaban cuidados y atendidos como se lo merecían. Sentía que no era posible olvidarlos, y no hubiera dormido sabiendo que padecían alguna necesidad o los amenazaba algún sufrimiento.

A lo largo de mi vida, me han dicho no pocas veces: "Pero ¿es que usted ama más a los caballos que a los seres racionales?" Yo he contestado: "Ellos son nobles y están desamparados, como los niños. Ponen su fuerza valerosa a nuestro servicio. No tienen dobleces, ni ambiciones, ni hipocresía, como ocurre con las personas."

El animal que yo prefería en mi infancia era un petiso malacara, tan amiguito, tan compañero, como ningún niño de mi edad hubiera podido serlo. Lo tenían tan limpio que su piel de seda relucía. Lo montaba, tan gozoso él como el jinete.

A medida que crecía, a pleno aire, que atezaba mi rostro, y sintiendo gusto por la soledad, iba realizando todas las faenas camperas. Mi infancia fué de rudo trabajo rural y a los ocho años manejaba ya los caballos que arrastraban el peso de una gran máquina agrícola. Me sentía cada vez más fascinada por los horizontes y poseída del deseo de salir hacia otros pagos y otros mundos con los mismos pingos que se movían en nuestro campo.

Otra idea que se iba adueñando de mi espíritu era la muletilla de todo el mundo cuando yo hablaba de algo fuera de lo común o de alguna dificultad: "Esas son cosas de hombres." Hasta al intento de correr en una carrera cuadrera tuve que renunciar, porque "una mujer donde está bien es cebando el mate". Dije ya, entonces, que una mujer criolla podía arrojarse a empresas que harían retroceder a más de un varón, y con el transcurso del tiempo, obsesionada por la idea de demostrarlo alguna vez, nunca abandoné tal pensamiento.

Ya joven casadera, puse a raya a varios pretendientes porque su opinión acerca de la inferioridad de la mujer me inducía a protestar indignada. Hasta con el hombre que estuvo más cerca de mi corazón no dejaron de encenderse disputas y discusiones en torno al mismo tema. Si me veía galopar a la par de los peones y sobrepasarlos corriendo tras de una caballada o de una punta de reses, me reprochaba mi manía de pretender igualar a los hombres en lo que no era de mi competencia.

En una ocasión fuí invitada, con otra gente de mis pagos, a una boleada de avestruces. Desde luego, supusieron todos que yo iba simplemente como otras muchachas y mujeres casadas, para ayudar en lo del asado y otros menesteres. Pero apenas los jinetes empezaron a cerrar cancha y a preparar sus boleadoras con el tiento de cuero y las bolas de plomo, y se levantaron de entre el pasto los primeros ñandúes, yo entré a cabalgar con los hombres y a perseguir a uno de los animales que huía despavorido, con las alas rasantes apoyando su carrera. Todos creían que yo había quedado con los caballos de repuesto conducidos por los peones, y aunque reconocían mi audacia al cabalgar me afearon mi intromisión en las cosas de los hombres.

Así, contemplando con fijeza el horizonte, y con la espina clavada de la supuesta inferioridad de la mujer, pasaron los años y concebía mi primera salida o aventura. Entonces —como después—, la etapa final de muchas peregrinaciones era el pueblo de Luján, dotado de una hermosa iglesia consagrada al culto de la Virgen de Luján. Se narraban realizaciones de promesas extraordinarias; los peregrinos habían caminado durante semanas interminables. Yo pensé que aquella meta podía alcanzarse en un primer intento inspirado por mi vocación de jinete: a caballo desde La Pampa, hoy convertida en provincia, hasta Luján. No me parecía entonces juego de niños la empresa. Pero mi conocimiento de los caballos me hacía considerar fácil cualquier aventura junto a un pingo valeroso. Sabía cómo reacciona el noble bruto en todos los momentos y en todas las faenas del campo; aún bagual, en la doma, cuando siente sobre su lomo la tenaza desconocida de las piernas del hombre, las percibe como ofensa y castigo; cuando bellaquea y da saltos de carnero enloquecido, y clava las manos en el suelo, y el jinete es sacudido de un modo furioso, cual si fuese a rompérsele el espinazo y tuviera que llegar con la cabeza hasta el cielo. En el adiestramiento para el rodeo..., en todos los episodios de la vida campera.

Cuando comuniqué a los amigos que iba a recorrer los mil cuatrocientos kilómetros entre La Pampa y Luján sola con mi caballo, con mi *Clavel*, me miraron como se mira a una persona que está fuera del manicomio por tolerancia. Además argumentaban siempre: "Y ¿por qué? ¿Para qué?" Yo les explicaba mi deseo de comenzar a demostrar, aunque todavía en forma modesta, cómo una mujer puede realizar lo que se propone y cómo un buen caballo puede resistir jornadas sucesivas sin caer rendido. *Clavel* era una hermosa cabalgadura de pelo doradillo que relucía como una gloria de rubio sol.

En diecinueve días llegué sin percance a Luján. Sentí una alegría inmensa por haber coronado mi propósito y abracé al doradillo. Muchos celebraron mi aventura, aunque sin ahorrar las recomendaciones de que no volviera a meterme en "Libros de caballería". En mi casa opinaban que una locura así no debía repetirse, porque sería tentar a Dios y al diablo; en una palabra, todo, en torno a mí, se mostraba de más en más hostil a mis proyectos de hazañas hípicas; esta hostilidad se manifestaba de un modo más enérgico que en ocasión de salir para Luján.

CAPÍTULO II

MI PATRIA, A CABALLO

Contrariando la opinión de todos, comencé pronto a planear mi segunda excursión, de mucho más aliento: aquélla que no fuera "cosa de mujeres", sino apenas de varones.

El afán de conocer mundo, presente también en mis proyectos, me aconsejó empezar por un recorrido de mi lindísimo país a través de todas sus provincias. Me puse en campaña para planear dicho viaje. Pronto comprobé que no encontraba más que la oposición o la incomprensión, y en el mejor de los casos el hielo de la incredulidad y la indiferencia. En todas partes me decían casi lo mismo: era empresa para hombres, y para hombres muy valientes. En todas las puertas se encogían de hombros, y hasta en lugares a propósito para esta clase de proyectos, como entidades de índole hípica, me negaban capacidad para realizar mi propósito.

Como en todas partes me cerraban las puertas, acudí a la principal de ellas: al presidente Ortiz, que gobernaba entonces. Me dijo que ya que tanto deseaba demostrar cómo la mujer es capaz de realizar las empresas del hombre, me prestaría la ayuda oficial indispensable, y que, luego, me las compusiera. Pude así elegir dos caballos de puro corte criollo: un overo azulejo llamado *Zorzal* y un doradillo, *Ranchero*.

Partí con ambos, llena de esperanzas y de firme optimismo, entre las risas de muchos y las despedidas amables y de buena voluntad de otros. Durante diez meses caminé por el mapa vario y rico de la patria hasta dar fin al viaje en 1942.

El recorrido de las provincias argentinas significó para

mí un ejercicio muy eficaz para futuros propósitos, como el de recorrer el continente. Para conocer el mundo, era un buen adelanto la contemplación de esa diversidad que presenta mi país, con toda clase de climas y paisajes. Esta diversidad se advertía en la selva exhuberante, con las cataratas y el calor que hace crecer la vegetación de Misiones; en la uniforme grandeza de La Pampa, cuando sólo la sombra del caldén interrumpe la monotonía de leguas y leguas; en el paisaje precordillerano y agreste de Catamarca, tajado de valles fértiles; y los montes con entrañas de plata, de estaño y de cobre, de Jujuy; en los panoramas montaraces de Salta, la de los gauchos indomables; y en la tierra ardiente y sedienta de Santiago del Estero. En La Rioja, las montañas que comienzan los Andes; en San Juan, los caminos entre viñedos; en San Luis, el paso soñador junto a las canteras de mármol.

Con mis caballos hube de cruzar los ingenios cañeros de Tucumán, el jardín de la República, a través de valles como paraísos, y también las sierras de Córdoba, el monte pintoresco que alegra los corazones y las lagunas y torrentes que refrescan el alma.

Saludé los diferentes tipos de la excelente población rural, desde los hacheros, nobles y rudos de los bosques del Chaco, hasta las peonadas que ponen en marcha nuestra ganadería y que constituyen el heroico y sufrido gauchaje de hoy. Entre ellos me he criado y me son propios todos sus trabajos y alegrías.

Es verdad que países de gran extensión como la Argentina reservan a quien los recorren marchas fatigosas, verdaderas pruebas físicas, pero como conservo en la memoria las que he padecido en otras partes, al recorrer el continente, apenas tengo idea de lo sufrido al recorrer mi patria. Las leguas inacabables de terrenos inhóspitos, que parecen defenderse con su crueldad de la planta del hombre, en otros países, borran lo que tuviese de duro y fatigoso mi viaje por la Argentina.

CAPÍTULO III

KILÓMETRO CERO

Y... manos a la obra para mi proyecto cumbre. Esa sí que fué una lucha de las que llaman titánicas por ahí. Una lucha que duró más que el viaje, porque en éste dependía todo de mi decisión; en la preparación del viaje, de lo que decidieran los demás. A mí nadie tenía que hacerme entender ni comprender nada. No ignoraba lo que quería hacer ni cómo lo tenía que hacer. ¡Si lo hubieran entendido igualmente aquellos de quienes dependía la ayuda mínima que yo necesitaba para hacer realizable mi raid!

Cuando trataba de explicar la probabilidad de realizar mi propósito, me daban respuestas parecidas a la que obtuve en la Sociedad Argentina de Marchas a Caballo: "Eso casi no podría realizarlo un hombre; tanto menos usted." "Eso", argumentaba yo, "puede hacerlo el que tenga tenacidad suficiente y no tema ningún riesgo. La más grave eventualidad es perder la vida, y siendo así no se puede hablar de renunciación ni de fracaso. Esto le puede ocurrir a cualquiera."

Insistí durante diez años en el logro de mi objetivo. Siempre tropezaba con el muro, con el eterno obstáculo: "una mujer, y sobre todo una mujer sola, con dos caballos, no es posible que vaya de Buenos Aires a Ottawa, de la Argentina al Canadá..." En el seno de mi propia familia se oía decir: "Es una desgracia; tengo una hija loca."

A una de las personas que más se burlaban de mi intento, un hombre de treinta años que se jactaba de ser muy buen jinete, le dije: "Montemos cada uno en un caballo, póngase a un costado mío y sígame hasta que uno de los dos no dé más y pida que volvamos." El guapo jinete que se reía de las faldas no aceptó el desafío.

En cierta ocasión fuí a escuchar una conferencia del suizo Aimé Félix Tschiffely, antiguo maestro de Quilmes, quien, como se sabe, realizó la hazaña de llegar desde Buenos Aires a Nueva York con los dos caballos, Mancha y Gato, animales que se hicieron famosos después de cumplir aquella marcha. Tschiffely hizo un relato, ilustrado con proyecciones de su viaje a través de veintiun mil kilómetros por los pantanos, ríos, montañas, fangales, selvas y desiertos del nuevo continente. Al terminar su exposición, me acerqué a *Chifeli*, como lo llamaban, y le dije que proyectaba viajar con un caballo de silla y un carguero hasta la capital del Canadá. Él me miró un momento estupefacto, y después, con la sonrisa bondadosa que le era característica, expresó que si yo conseguía hacer eso, hazaña muy difícil, superaría la suya; lo que sería tanto más significativo por tratarse de una mujer. Me explicó que su raid le valió la invitación de la Sociedad Geográfica de Estados Unidos, para un relato en sesión solemne, como sólo se había hecho con el explorador Amundsen y el almirante Byrd. Luego me aconsejó:

—Si se decide, no vaya por Bolivia: el trayecto es casi intransitable por las muchas ciénagas y desiertos de piedra que ofrece.

—¿Usted pudo pasar? Pues yo también podré pasar.

Y después de tan larga espera decidí jugarme la última carta. Iría como fuese, sin ayuda o con ayuda, nada importaba. Únicamente me faltaba lo esencial: dos caballos. Yo los quería bien fuertes y resistentes, a propósito para la tremenda prueba a la cual habría que someterlos.

Dos hombres tuvieron, al fin, el rasgo gaucho de comprenderme y pude obtener lo más importante para iniciar mi empresa; gracias a ellos, a su generosa donación, obtenía dos guapos animales de pelo alazán, uno de ellos malacara, designado con el nombre de *Príncipe,* el otro con el de *Churrito.* El malacara, de siete años, vigoroso, me lo había preparado su donante, Manuel Andrada, el famoso "paisano Andrada", que se hizo campeón polista desde su monta de gaucho campero. El otro animal, de los mismos años, procedía de otro gran conocedor y caballero criollo, don Pedro Mack. El caballo donado por éste era un animal que nadie podía dominar y cuya preparación exigió un gran esfuerzo. Yo les tomé cariño de inmediato y principié a prepararlos por mi cuenta en las dependencias de la Policía Montada, donde los dos caballos fueron huéspedes excelentemente atendidos por consentimiento expreso del entonces jefe de policía, general Bertollo.

Durante seis meses galopé, sometiendo a duro esfuerzo a los dos brutos, y llegó el día en que hube de considerarlos en condiciones de emprender la durísima aventura.

Aunque yo no daba mucha publicidad a mi propósito, éste fué bien conocido en Buenos Aires y, en especial, en los medios hípicos. Me visitaron los periodistas y me dijeron que yo era una muchacha esforzada, de una tenacidad casi increíble. Y, con alguna ironía, me señalaron que no se trataba de un fin de semana hípico como para entrenamiento y solaz. Me recordaron que aun realizado por tren y demás medios terrestres conocidos, el viaje al Canadá era bastante cansador, y que daba miedo pensar cómo resultaría en la forma que yo quería hacerlo. "A lomo de un caballo, me decían, y con otro detrás, oficiando de carguero, cada kilómetro ha de parecerle mil." Y también: "Si usted cubre la distancia que intenta, suponiendo que tenga mucha suerte y pueda hacerlo, nadie podrá mejorar ya esa marcha." "A no ser, respondí, que vaya desde la Tierra del Fuego hasta Alaska; lo cual no añadiría nada apreciable. Yo no pienso hacerlo porque lo que en realidad pretendo es unir las dos grandes capitales más distanciadas del continente." Los mismos periodistas me señalaron que los raids anteriores quedarían superados.

Los periodistas, ajenos al pesimismo que mostraban los demás, me animaron. Desde entonces, siempre les profesé un especial afecto. Uno de ellos recordó entonces que el caballo es el mejor amigo del hombre, y otro le retrucó: "También de la mujer, como en este caso, en que una de ellas va a dejarnos chiquitos a todos los varones."

Llega el año 1950 y me decido a solicitar una entrevista con la esposa del presidente argentino. Pensé que podría favorecer mis planes o bien estimularme a realizarlos.

La breve entrevista resultó fructuosa, un verdadero estímulo, y el 1º de octubre de 1950 daba, yo misma, la señal de partida. Me encontré junto al mojón del kilómetro cero, en la hermosa plaza que tiene como fondo al Congreso de la Nación. Vestía a la usanza gaucha, con bombacha y botas de potro, sombrero de campo y pañuelo visto en el cuello.

Me rodeaban, con amable estímulo, representantes de la prensa, fotógrafos y nutrido público. Fué a desearme buen viaje el caballista Marcelino Soulé, excelente "raidman" que después se dedicó al automovilismo y perdió la vida en una carrera.

Agradecí en el fondo de mi corazón a cuantos me acompañaban en el instante de la partida, y a todos los que hicieron posible la realización de mi propósito. Y muy especialmente a la Policía Montada de la Capital, en cuyas dependencias se habían cuidado mis caballos con particular y esmerada atención y se me había estimulado en todo momento.

También me despedía parte de los míos, entendida la despedida al pie de la letra: es decir, como se despide a quien no ha de regresar nunca. Mostraban la cara del que teme, con fundamento, que va a perder a alguien de la familia.

Yo, en cambio, sólo sentía la emoción y el gozo de partir, y el de ver, ya de modo indudable, la iniciación de mi sueño. Dejé atrás las calles bulliciosas de la ciudad porteña, ansiosa de adentrarme en el ancho campo que anhelaban los pulmones. Fuí acompañada por gente de a caballo hasta San Isidro, en los alrededores de la ciudad. Pronto tendría la soledad de la marcha con mis dos animales, sin más recursos que los de mi iniciativa.

Pero la ventura de este buen comienzo no había de durar mucho. Después de haber emprendido la marcha, siempre por la Ruta 9, mi bautismo de percances se produjo de una manera alarmante. Habían atado el carguero a la cincha del destinado a montura. Yo no advertí este error en el apresuramiento y barullo de la partida. El carguero dió de pronto un tirón con todas sus fuerzas, arrancó la montura y dió conmigo en tierra. De un modo tan violento e inesperado, que quedé desmayada sobre la carretera. Fuí a despertar en el hospital de San Fernando. Al recobrarme, empecé por preguntar:

—¿Dónde están ellos?

—¿Quiénes, señorita?

—*Churrito* y *Príncipe,* mis caballos.

Me informaron de que se hallaban en perfecto estado, y no faltó quien observara:

—No parece de buen augurio este accidente al salir. Como para quitar el ánimo a cualquiera.

—Al contrario —dije— esto no es más que un aviso, y da más ánimo para seguir.

Antes de reiniciar la marcha me visitaron algunas personas, enviadas especialmente por la esposa del presidente de la República, con órdenes de informarse de mi estado y ayudarme en lo posible.

Y con renovados bríos, una mañana espléndida, reuní

mis caballos que al verme relincharon triunfalmente, y me lancé hacia el interior argentino, rumbo al norte, a la América ignorada, a las sorpresas del continente mágico, a lo que el destino quisiera deparar a una criolla chacarera, con dos caballos, dispuesta a todo menos a retroceder.

CAPÍTULO IV

SIEMPRE HACIA EL NORTE

Las necesidades que se pasan en el campo se hicieron presentes en este primer tramo del viaje por mi país. No es fácil calcular las marchas para hacer noche en las localidades que se prevén; y los animales, debido a la gran extensión de las primeras jornadas, denotan cansancio si se les exige un mayor rendimiento del que se había proyectado.

Todo mi afán era, como lo sería en todo el viaje, que no les faltara lo imprescindible. Antes que yo misma importaban mis cabalgaduras, compañeros inseparables que ya empezaban a entender y obedecer mis más pequeños gestos y hasta mis palabras. Presentía que uno de los grandes obstáculos del viaje iba a ser la manutención de los animales. Una persona, junto al camino, puede pasar varios días sin más alimento que un pedazo de carne, medio choclo o medio tomate. Una bestia como el caballo, necesita grandes cantidades de alimento, de una variedad relativamente limitada y agua abundante. Siempre me preocupó este grave problema, ya que por los informes obtenidos personalmente y por referencias geográficas, presumía que en muchas ocasiones no hallaría una brizna de hierba para las caballerías. El sólo pensar que pudieran sufrir mis caballos me llenaba de congoja y me apretaba el corazón.

Las grandes distancias recorridas en mi primera etapa hacia el norte argentino, señalan ya, a pesar de los caminos transitables y del contento de la mirada ante la riqueza de los campos de cereal, pastos y alfalfares, cuan duro es cabalgar sin descanso.

Alcancé mi primera meta, la populosa y activa ciudad de Rosario. Y desde allí, eché a caminar por las fecundas tierras de Santa Fe. El paisaje de los campos alambrados me era familiar, y experimentaba el gozo de ver, en extensiones dilatadas y soberbiamente productivas, lo que perteneció al mejor panorama de mi infancia. La gente de las grandes poblaciones no suele darse idea de esa soledad, sólo perceptible cuando se la recorre paso a paso. A lo largo de grandes distancias y sobre miles de hectáreas, los rebaños de reses están en calma tras los alambrados, y nos recuerdan a los que somos de chacra y pampa todas las fases de los trabajos ganaderos.

Muchas veces las peonadas que estaban en la faena y me veían pasar me saludaban con jovial extrañeza viéndome con mi apariencia gaucha, con mi marcha diligente y el carguero dispuesto como para un viaje muy largo. No faltaba quien bromease: "¿Adónde va la paisana, tan preparada como para no volver nunca?" "Quédese no más, que no andamos tan abundantes de gauchitas rubias por los pagos."

En ocasiones me desviaba hacia las casas de una estancia, donde me ofrecían comodidades para los animales y para pernoctar. Me gustaba estar un buen rato junto al fogón, con el gauchaje, en animada conversación. Mientras corría la bombilla del mate de boca en boca y se olía el grato perfume del asado, me hacían preguntas acerca de mi aventura. Yo traté de explicarles, contando en leguas, cómo estaba de lejos el punto final de mi largo viaje. Un paisano viejo me dió su opinión, después de observar atentamente mis animales: "Con esos pingos, alimentándolos de un modo parejo, en tierra como la nuestra y dándoles el descanso que corresponde, se puede llegar como dice. De todos modos, yo no se los compraría después del viaje." Y venían advertencias, en serio o en broma: "¿Usted pidió permiso a los animales para meterlos en este baile?", o "Perdóneme, paisana, pero según las leguas que dice, yo no la acompañaría, aunque me diera palabra de casamiento." Y también: "Y... hay quien dice que el matrimonio es un trabajo, pero tanto como eso nadie habrá pensado que fuera."

A todos les contestaba con ese buen humor que nos da el descanso, cuando estamos rodeados de nuestra buena gente campesina, señalándoles siempre que la gracia o el mérito de mi propósito estaban en que nadie me acompañase para poner así de manifiesto, en una empresa que requería tesón, la resistencia y la voluntad femeninas.

Un joven capataz de una de las estancias, llamado Hilario, al que se tenía por ocurrente, me dijo:

—De manera que encontrará ríos muy anchos, montañas muy altas y fieras muy feroces. Sólo conozco una mujer capaz de asustarlas.

—¿Quién?

—Mi suegra.

A mí me encantaban las chanzas sencillas de aquellos hombres, que en el fondo, por ser todos jinetes desde niños, admiraban sinceramente lo que yo me proponía realizar.

Mientras había pienso y agua para las bestias, yo consideraba la ruta como un camino de rosas, pero sentí una gran aflicción recorriendo la provincia de Santiago del Estero a través de jornadas sedientas y de calor sofocante. El problema del agua me trajo, debido a los arenales y los áridos yermos muchas horas de angustia. Y no por mí, pues generalmente me olvidaba de mis propias necesidades, sino por "ellos" que padecían en silencio.

Me miraban angustiosamente, como si yo pudiera remediar su mal, y yo les hablaba con palabras de esperanza, confiada en que las comprendieran y confiaran en mí. Sabía que no estábamos en un desierto de regiones ignoradas y que el sufrimiento tendría remedio al fin. De todos modos llegué a temer por la resistencia de los animales cuando les veía entreabrir la boca reseca caminando bajo la llama terrible del sol.

Cierta mañana, en una de las regiones santiagueñas más atacadas por la sequía me crucé con un changuito, un niño que cabalgaba un burro, sobre el cual llevaba dos pequeñas vasijas de barro llenas de agua y con capacidad de no más de cinco litros cada una. Le ofrecí comprárselas, y él me miró como si le pusiera precio a un tesoro. Pude conseguir que me vendiese el contenido de una, y después de mojarme apenas los labios, se lo di, en la bolsa de lona, a *Príncipe* y *Churrito*, que al beber me miraban mostrando indecible gratitud.

Como ya lo he dicho, a pesar de todo esto, no llegué a experimentar la sensación del sufrimiento irremediable, pues en los peores trances me consolaba la seguridad de hallarme en tierras conocidas con habitantes y pueblos que lo eran también. Sin embargo, aquellas jornadas me hacían pensar que la marcha por terrenos hostiles sería más penosa que lo que se pudiera suponer.

Tal como me ocurriera al proyectar el viaje, pienso en las dificultades que los hombres del tiempo de la conquista encontrarían al atravesar territorios cuya naturaleza, recursos y orientación desconocían. Cuando no existía ni un mapa ni una referencia. Al hablar de esto a gente amiga, alguien solía decirme, refiriéndose a mi viaje, que aquellos héroes iban generalmente en grupos de centenares de hombres, con armas, e infundiéndose unos a otros su propio coraje; pero yo siempre admiré las historias verídicas de los que nada temían y desafiaban lo desconocido. Lo que he leído de las hazañas de ellos me estimuló siempre a no dejar desfallecer mi voluntad.

Por aquellas mismas comarcas, en los desiertos de entonces, pasaron los estupendos conquistadores del norte argentino con don Diego de Rojas a la cabeza. Muy pocos salieron con vida de las penalidades y batallas, en sus peleas con los elementos bravíos y con los indios diaguitas, lules y comechingones. La historia recuerda los episodios en que el tormento de la sed tuvo en agonía y casi en locura a los hombres que acompañaban a don Diego de Rojas, precisamente por las tierras, entonces sin caminos, que yo estaba recorriendo.

Atravesé Tucumán, el Tucumán que asombró con su fertilidad y su belleza a los conquistadores, convertido hoy en un emporio de ingenios de azúcar, de naranjales y de flores, siempre pródigo.

Para quien pudiera seguir mi marcha, Salta sería el primer gran encuentro con la naturaleza en su pujante esplendor. El viajero no olvidará nunca ni las cumbres ni las hondas quebradas por donde discurren los inolvidables arroyos. Ni los amenísimos valles calchaquíes que se llamaron "caminos de ensueño para el turista", ni siquiera una senda entre los algarrobos, álamos y cercas o la emoción solitaria de la gran quebrada de Cachí, en la cual sólo existe un pueblo llamado Alemania, tan quieto y pintorescamente aislado, que no se aviene verdaderamente con su nombre.

Al subir hacia el Norte y acercarme a la ciudad de Salta, recordaba cómo, bajo la lluvia torrencial, fué conducido por la quebrada de Chachapoyas el ejército de Belgrano, para evitar una emboscada que le había preparado el enemigo. Y llegué a la capital, encerrada entre exhuberante vegetación y montañas, justamente llamada por algunos "la ciudad joya del valle de Lerma". Al proseguir mi camino, me escoltaron unos gauchos, herederos de los famosos de Güemes, jinetes en óptimos caballos que sirven para todos los terrenos y vestidos a su típica usanza.

Antes de mi arribo a Jujuy, hacia la grandiosidad de la precordillera, se enfermó súbitamente mi caballo *Príncipe*. Se revolcaba en medio de convulsiones. Comprobé que tenía fiebre muy alta. Maldecí mi impotencia ante los sufrimientos del pobre animal. Por momentos se quedaba tumbado y quieto y relinchaba lastimeramente, volviéndose hacia mí. Empleando todos mis recursos, incluso caricias, conseguí que se pusiera de pie. Temblaba y apenas podía dar un paso. Las leguas recorridas por terreno tan accidentado, simple anticipo de todo lo que aún quedaba por andar, habían obrado de algún modo en la resistencia del bruto. Por fortuna, el percance no ocurrió en descampado, y un experto veterinario, el mayor Patiño, que vino de Jujuy, acudió en forma providencial en nuestra ayuda. Además del tratamiento a que fué sometido, el caballo necesitaba descansar. Por no existir lugar apropiado para ello se habilitó un establo de emergencia. Allí estuve durante tres días —velando por la noche—, junto a mi amigo, llamándolo por su nombre, cada vez que se removía en su lecho de pasto seco.

Príncipe se reanimó, por fin, a los tres días.

—Ni una madre cuidaría a su hijo como usted lo ha hecho con ese animal —me dijo el mayor.

—Yo —contesté— no tengo hijos ni otra familia en el mundo mientras siga realizando mi viaje. ¿Cómo habría soportado la pérdida de mi buen compañero en los comienzos de mi excursión?

CAPÍTULO V

HACIA EL ALTIPLANO

Príncipe, ya con ojos vivos y fuerzas nuevas, se sentía orgulloso, casi tanto como yo, cuando monté en él, de volver a empezar. Le palmeaba el cuello y le prodigaba caricias hasta que advertí que el carguero *Churrito* se negaba a seguir adelante, visiblemente celoso y enojado. Tuve que apearme y rascarle en el pecho y en las ancas, y besarle el hocico, para verlo otra vez dispuesto y contento. Di a uno y otro varios trozos de azúcar que me había regalado el dueño de un boliche de un pueblecito salteño. En seguida las dos bestias emprendían un trote alegre, como si desearan lanzarse conmigo a la conquista de las próximas tierras. Las fisonomías de éstas mostraban un nuevo aspecto al llegar a la quebrada de Humahuaca, donde puede decirse que el terreno comienza a tener cara boliviana. Recorrí el tajo pintoresco, rodeado de montañas y cerros de variado colorido y los pueblecitos olvidados sumidos en una calma tal que por momentos parecían desiertos. Anochecido, regresaban de las sierras las mujeres, con la guagüita a la espalda, hacia sus casas de adobe. Niños de corta edad regresaban también con sus sombreritos de fieltro, arreando ovejas. Presencié un día de fiesta en que paseaban la Virgen del lugar. Mientras se preparaba la procesión, las mujeres sentadas en el suelo amamantaban a los niños. Indios collas, altos y de pocas palabras, acudían de muy lejos. Comencé a escuchar la música de la quena, como lamento doliente que tantas veces llegaría a mis oídos a través del altiplano. El único son de por acá, hasta que llega el carnaval, la fiesta que enardece y saca de su calma a los habitantes de la quebrada. Cuando desentierran el muñeco enterrado el año anterior y los collas gritan y saltan incesantemente, y las charangas acompañan a la quena. Parece un malón, pero no es sino algarabía de gente que ha callado y trabajado durante todo el año. Es el terreno de los antiguos omaguacas que resistieron en estos montes, con toda valentía, a los conquistadores hispánicos.

Mi paso por los pueblecitos de aquellos valles encantadores no dejó de ser una novedad para sus pobladores, y como coincidí con la pequeña fiesta a que me he referido, gentes que habían venido de Tres Cruces, del Molino del Calete y de Urquía, se reunieron en el propio Humahuaca para saludarme. También vi los primeros rebaños de llamas, esos animales esbeltos y graciosos, de mirada curiosa, que ya no se separarían del paisaje de la altiplanicie y la precordillera.

En La Quiaca, punto terminal de la Argentina hacia el Norte, me detuve siete días durante los cuales, si bien se me declaró huésped de honor, se me hizo perder más tiempo de lo que deseara con los trámites aduaneros. Suele ocurrir que trámites de esta clase resulten más difíciles de sortear que un río encrespado o que una selva enmarañada.

Dije adiós al horizonte de mi bella patria, y al poco tiempo me encontraba en un terreno bajo y con ciénagas que presagiaban tierras peores. Con todo, los caballos, aunque lentamente, proseguían su marcha sin inconvenientes. Había por allí pastizales que eran una fiesta para los animales. Era mi norma aprovechar el tiempo de acuerdo a las necesidades de ellos, y dejar en segundo término lo referente a las mías. Esta norma solía ocasionarme hambre y penurias de estómago; pero entre apurar la marcha para alcanzar un sitio donde comer yo unos bocados, y aprovechar todo el tiempo necesario para que las bestias pastaran a gusto, la elección no era dudosa. No se olvide, a lo largo de mi relato, por una parte mi cariño sin tasa a los animales, y por otra, que ellos son los que llevan el peso del viaje, y que sin ellos, el que viaja como yo se encontraría como un pájaro sin alas en medio del desierto.

A través de algunas de aquellas leguas por Bolivia confié para mis comidas en una carne seca salada con que me habían obsequiado. Cuando llegaba a un sitio algo fresco, con pasto verde, desensillaba, dejaba bien cómodos a los animales y yo me sentaba a poca distancia de ellos con mi pedazo de charque, pero la sed se convertía en un tormento cuando, como solía ocurrir, no encontraba agua.

Dejé atrás Villazón, uno de los primeros pueblos de mi camino a través de Bolivia y llegué a la localidad de Nazareno. El paisaje ya no puede variar en mucho tiempo, como lo anuncian los mismos horizontes. Había llegado hasta el lugar mencionado, pisando pucaraes y saltando a trancos y ya no se ofrecían ante mí más que los cerros pedregosos, los cactos solitarios, las colinas, terribles pero encantadas, que tienen todos los colores y cambian de matiz en cada momento bajo el sol y la luna.

En Nazareno me encontré con unos viajeros que dijeron ser compatriotas y que habían llegado con unos arrieros desde la más próxima estación de ferrocarril. Me dijeron que la continuación de mi camino, tal como lo había planeado, era imposible, y me aconsejaron con aire protector:

—Vea, nosotros también somos argentinos y deseamos que no le ocurra lo que le ocurrirá si sigue así de porfiada. Embárquese nomás y embarque los caballos en el tren, no sea zonza, y nadie sabrá si ha hecho usted el viaje de una manera o de otra. Al menos, hasta salir de estos terrenos del demonio.

Yo respondí inmediatamente:

—No puedo hacerlo, mejor dicho, no lo quiero hacer. En primer lugar porque llevo el libro en que firman las autoridades, aunque sean simples alcaldes o caciques de los lugares por los cuales paso o donde pernocto.

Ellos se echaron a reír.

—Además —continué— significaría traicionar mi propio propósito. Para eso no hubiera salido de mis pagos o lo habría hecho con otras personas, en viaje de turismo. No era necesario someter a dura prueba a dos pobres animales.

—¿Aunque sea lo peor del trayecto?

—Solamente en veinte kilómetros ya tendría sobre mí el peso de una falla de la voluntad. Y con frecuencia la voluntad va cediendo cuando ha fallado una vez.

—Pues usted se llevará el libro con las firmas, pero los caballos dejarán los huesos por esos caminos.

—Ya me las compondré para que no los dejen.

Los paisanos insistían sin que yo pudiera comprender bien el motivo.

—Como en otros casos, encontraremos las herraduras.

Terminé por pedirles que no se interesaran tanto por mí. Entonces hicieron algunas bromas aludiendo a los peligros que representaba la soledad para una persona de mi sexo.

Yo estaba tan acostumbrada a estas bromas, que no me sorprendieron. Les mostré mi flamante revólver bien cargado y las balas de repuesto en una bolsita de cuero. Me permití la fanfarronada de anunciarles que si se ponían una moneda encima del sombrero era capaz de quitársela limpiamente de allí con un simple disparo. Sabía para mis adentros que no soy tan buena tiradora, pero una voz interior me sugería que era necesario intimidar a aquella gente. Antes de retirarse, uno de ellos insistió:

—Y de cualquier forma, haríamos todo lo posible para que no siguiera su locura.

La insistencia de aquellos hombres en sostener que los caballos no saldrían con vida, me hizo temer por la suerte de mis cabalgaduras. Fuí, pues, en busca del alcalde del pueblo, y le dije que lo hacía responsable de lo que pu-

diera ocurrir. Si les sucedía algo a los animales alojaría
las balas de mi revólver en las cabezas de quienes me
resultaran sospechosos. El alcalde no quería dramas. Veló
toda la noche junto a los caballos mientras yo dormía
como las liebres, con los ojos abiertos, cerca de allí. El
hombre me aconsejó levantarme temprano y desaparecer,
pues "aquel pueblo ofrecía pocos alicientes". Quería evitar todo altercado, pero tuvo mala suerte porque al despertar yo puse el grito en el cielo empuñando mi arma.
Los dos caballos sangraban abundantemente por la cruz
del cuello, y yo creí que a pesar de la vigilancia ejercida
los habían herido e intentado ultimar. Fueron necesarios
los juramentos y explicaciones del alcalde para conven-
cerme de que, como era muy frecuente, unos grandes
vampiros habían causado aquellas heridas para chupar la
sangre de los animales. Esto volvió a ocurrir en diferentes ocasiones durante mi viaje. Era otro peligro que yo
debía evitar cuando los caballos quedaban por la noche
al aire libre o en establos poco seguros. Estos murciélagos abundan, particularmente en ciertas regiones, y se
ocultan entre las vigas de las casas. Recuerdo que en
cierta ocasión *Churrito* apenas podía caminar a raíz de
haber sido atacado por estos mamíferos nocturnos.

CAPÍTULO VI

SALVADA EN EL RÍO

Aunque me siento incapaz de describirlos, no soy insensible a la emoción que brindan los panoramas del altiplano, llenos de una triste y desolada grandeza; elemento
constante, adquiere diversos colores, según la luz y la
lejanía, y en algunos momentos parece de oro y plata.

Enormes nubarrones pasan sobre nuestra cabeza, y como la dificultad de la respiración hace penosa la marcha sólo sentimos el deseo de permanecer quietos, contemplando las onduladas montañas que encierran los valles. Los ojos ven cambiar los colores de las masas de piedra, y el rojo, y el oro, y el morado, se van haciendo malva y azul en el anochecer. En las madrugadas es una verdadera fiesta de colorido que yo nunca podría explicar.

Por mi costumbre de cortar terreno y apartarme con frecuencia de cualquier camino o huella de tal, o de ir en busca de los lugares que se me ofrecían a lo lejos, ricos de pastos para las bestias, me encontraba a veces en las zonas más solitarias. A veces sentía la impresión de que no iba a encontrar a otros seres en el mundo fuera de mis caballos. Entonces, aun los que amamos mucho la paz y la soledad, estamos deseosos de encontrar seres humanos con los cuales cambiar las más sencillas palabras.

Siempre que a lo largo del viaje por Bolivia atraviese uno de los típicos desiertos del altiplano, recordaré lo que me ocurrió en uno de estos parajes: encontré un indio, pastor de llamas, que me vió avanzar mudo de asombro. Al acercarse, las llamas que se amontonaban cerca de él, tenían la misma mirada de extrañeza y levantaban sus largos cuellos y atiesaban sus lindas orejas. El pastor, muy joven, se adelantó hacia mí. Su pelo era muy negro y vestía ponchito corto, de un rojo descolorido. Los pies grandes y curtidos parecían pertenecer a una persona de más años. Tenía a su lado una de las llamas, separada del resto del rebaño. Parecía ser su amiga inseparable; su lana limpia, de color blanco y negro y en los ojos mostraba algo de humano y femenino. Con palabras enrevesadas de lengua indígena y castellana, me rogó que desmontase y le explicara qué hacía por aquellos desiertos y con aquellas dos bestias. Como el muchachito era ingenuo y simpático, le dije que de buena gana descansaría largo rato a condición de que me indicase dónde había buena hierba y agua para los caballos. Poco después estábamos junto a las piedras de una ladera donde crecía un pasto duro pero comestible. Cien metros más allá corría un pequeño arroyo cristalino. Sentados en el ribazo, expliqué lo mejor que pude la causa de mis andanzas. Tocaba mis ropas y las monturas de los caballos con gran curiosidad e interés. Desde luego, no entendió bien la índole de mi viaje. Cosa poco de extrañar en un muchachito indio, pues muchos, de más conocimientos, me habían dicho y me dirían con frecuencia que no podían comprender cómo podía realizar tal esfuerzo sin una finalidad práctica y directa.

De pronto el muchachito se animó saliendo de su soñolencia y me dijo que si lo quería llevar conmigo, iría a buscar unas pulseras y colgantes de oro y plata labrados que tenía escondidos: con ellos seríamos ricos los dos y nos alejaríamos hacia tierras muy distantes. "Más de cuarenta leguas", decía él.

Yo lo escuchaba como se oye un cuento maravilloso, irreal, pues el lugar era propicio a los ensueños. Él insistía, respondiendo, cuando le preguntaba si pensaba abandonar su rebaño, que muchachos como él sobraban por allí, y alguno de ellos ocuparía su puesto. Luego lo quise convencer de que las autoridades o la policía nos encontrarían en los caminos y nos despojarían de todas sus pulseras y colgantes. Pero no cejaba: "yo sé andar por los senderos de los montes donde no puede encontrarnos ninguna de esas gentes que dice", me contestaba.

No me era desconocida la habilidad de los artesanos del país en transformar las láminas de plata y oro en verdaderas filigranas de artífices; pero todo el cuento del chiquillo me pareció una alucinación creada en su mente por las horas interminables de soledad y un deseo de aventura que él mismo no definía. Le hice ver que no podía montar en el otro caballo, ya que se necesitaba para mi equipaje, y él se puso a reír de buena gana, pues esto no se le había ocurrido nunca. Él hubiera caminado siempre junto a los animales y hubiera tardado más que ellos en cansarse. Y tenía razón. Estos nativos de por acá andan y corren con un trote infatigable como pueden hacer los caballos. En este caso con ventaja, pues los míos marchaban con bastante dificultad a causa de la altura. Cada vez se fatigaban más, y las paradas tenían que ser más frecuentes.

El camino comenzaba a hacerse más intransitable. Grandes arroyos y ríos que bajaban por las vertientes de las montañas y se unían y se cruzaban, hacían difícil elegir el mejor sitio para poner los pies. No sé si el indiecito del cuento conocería de verdad los senderos ocultos de los vericuetos del altiplano, pero lo cierto es que ahora ya no se podía avanzar por aquí sin la ayuda de un guía. Por eso, en el primer poblado que encontré solicité uno al cacique. El guía que me proporcionó, me orientó con desgano. El hecho se repitió entre Suipacha, el pueblo histórico en la emancipación sudamericana, y Tupiza, la localidad siguiente. En esta ocasión, el jefe designó a un joven fornido que obedeció de muy mala gana y que discutió un buen rato con aquél. Creo que argumentó más o menos así: "Conozco los pasos y porque los conozco sé que son malísimos." A mí me advirtió que las corrientes eran muy variables y difíciles de conocer para cruzarlas. Y las ciénagas un verdadero peligro, sobre todo yendo con animales tan pesados. Sin embargo, era necesario seguir. Así se lo hice entender, y le indiqué que caminase siempre delante y en ningún momento detrás o a mi lado. Esa norma no habría de olvidarla, después, siempre que emplease un guía cualquiera. Por otra parte tenía el revólver al alcance de mi mano. Es justo reconocer que los naturales de estas dilatadas tierras son respetuosos en general de la propiedad del viajero; así como de la persona de éste. Ni siquiera se muestran interesados, y la actitud del guía iba a ser la más frecuente en todos ellos: tratar de eludir el camino y sus peligros y regresar a la tranquilidad de sus pueblos o rancheríos.

Éste a que me refiero avanzaba delante de mí en una mula. Su cometido requería sumo cuidado y habilidad, y muchas veces detenía la mula, pensativo, sin saber hacia dónde dar el paso siguiente.

De pronto se detuvo:

—Aquí llegamos. Ya no me necesita.

Quise hacerle entender que lo endemoniado del camino no cambiaba sino que parecía peor, pero él se obstinó en que había cesado en sus servicios. Tuve que hablarle con toda energía y advertirle que lo pasaría mal si no me guiaba por lo menos hasta un punto desde donde se divisara el próximo pueblo. Con el mismo baquiano, tuvimos que vadear un río muy grande y fangoso donde el riesgo de no alcanzar la otra orilla fué advertido y por fin superado, tanto por mí como por el indígena que me guiaba.

Bordeando un cerro y dando un largo rodeo, fuí a dar para descanso de mis penalidades, con una hacienda o estancia dedicada a pocos pero alegres cultivos y donde me recibieron la dueña de la plantación y su hija, una muchacha muy joven que montaba un caballo blanco. Las dos se admiraron al confiarles mi propósito, pero me aconsejaban pensarlo bien antes de seguir, si no tenía más medios a mi alcance que los que contemplaban sus ojos. Como en ocasiones parecidas, les dije que me hablaran de cualquier cosa menos de abandonar mi empresa, pues tratándose de ello, no cambiaría con nadie una sola palabra. Tal había sido mi costumbre en todo el viaje y también antes de emprenderlo. Si alguien aludía a la posibilidad de renunciar, cortaba en seguida el diálogo. "Hábleme de todo lo que quiera menos de eso. No estoy dispuesta a escuchar consejos de esa clase."

A pesar del interés que habían mostrado por mi seguridad personal, madre e hija me invitaron, al día siguiente, a abandonar la casa. Debo confesar que raramente me había ocurrido esto hasta entonces, pues en general me rogaban que me quedase unos días más. Reinaba un tiempo de perros, poco propicio para seguir el viaje. Aquellas mujeres me habían visto llegar en medio de una gran tormenta que me sorprendió en la jornada. Y ahora, apenas repuesta, veíame lanzada al camino. Era lógico que dudasen del buen término de la empresa. La hija se brindó a acompañarme un largo trecho para mostrarme cómo debían sortearse los brazos de los ríos. Iba en su caballo blanco con un peón que montaba en el anca del mismo animal. Era la temporada del deshielo, y el terreno sembrado de trozos de piedra llenábase de corrientes de agua, algunas de ellas de gran anchura y profundidad. Se pasa generalmente con el agua al pecho de los caballos o haciéndolos nadar.

En uno de los ríos, cuyo caudal no había sabido calcular, estuve muy cerca de terminar mi viaje, lo que hubiera sido una pena en el comienzo, todavía, de la marcha. Yo montaba a *Príncipe*, por corresponderle: cabalgaba cada día en uno de los caballos, que al siguiente pasaba a ser carguero con sus treinta y cinco o cuarenta kilos de equipaje.

La corriente era muy caudalosa y los animales la atravesaban con alarmante dificultad, a tal punto que *Príncipe* era arrastrado por las aguas, sin que pudiera avanzar. La orilla se me ofrecía inalcanzable y me sentí muy alarmada. La corriente hacía girar al caballo y terminó por derribarme de la silla; supuse que había llegado mi último momento. Atiné a tomarme de uno de los estribos cuando ya la correntada tiraba furiosamente de mí. Tan pronto me sumergía como lograba sacar la cabeza del río. A las bestias les sucedía lo mismo. Mis dedos se aferraban en su asidero y el dolor amenaza con hacérmelos soltar. Ya no veía a los caballos ni había nada firme en torno mío. De pronto en un esfuerzo heroico *Príncipe* se enderezó y se puso a nadar en diagonal hacia la misma orilla de donde habíamos partido. Con mucho trabajo, tirando del carguero, casi inconsciente, logré llegar con mis caballos a pocos metros de la orilla mencionada. Desfalleciente, estaba a punto de desvanecerme cuando unos obreros, que estaban colocando postes de madera, se metieron en el agua y me sacaron con los dos caballos. Cuando me hube reanimado un tanto, aquellos trabajadores me dijeron:

—¿No sabe que ese río no se puede atravesar?

—¿Y qué se hace si lo encuentra uno en el camino?

—Pues, o se construye una balsa o se espera hasta la estación propicia. Claro que había una solución intermedia y era bordear el río hasta allí donde fuera menor su cauce, aunque significara una desviación de unos pocos kilómetros.

Vadeando el río finalmente, me tocó recorrer una zona cenagosa, de difícil tránsito.

Afortunadamente no era la época de los grandes fríos, pues cuando esto ocurre los animales suelen morir por los efectos del descenso de la temperatura.

Asombra cómo los indios que habitan estas regiones pueden aguantar tales temperaturas y semejante suelo con el régimen frugalísimo a que viven sometidos. Ellos lo atribuyen todo a la coca, cuyas hojas llevan en un bolsillo, y mascan constantemente. Muchas veces me ponderaron sus excelencias y me aconsejaron mascarlas. Supuse siempre que la coca producía energías de un modo artificial, y por lo tanto dañoso; pero confieso que en ocasiones en que me sentí en el límite de las fuerzas me decidí a emplearla y logré reanimarme.

Llegué, casi sin detenerme, zumbándome las sienes, al pueblo de Tupiza, en la provincia de Sud Chichas. Dediqué el resto de mis fuerzas a comprobar el estado de las bestias y del equipaje; a poner a secar lo que estaba mojado y revisar las envolturas impermeables que envolvían mi libro de ruta y otras cosas análogas. Después caí en cama, delirando y febril, y quedé durante tres días en ella.

Tengo que agradecer sus atenciones al doctor Expósito, un médico de la compañía Oploca, de la que hablaré, agradecida. Se me hizo una amable despedida. Se congregaron, para verme partir, habitantes del lugar, entre ellos, indígenas, sobre todo cholas, con sus inconfundibles sombreros, blancos y muy altos de copa, sus dos largas trenzas, infaltables, y la serie de polleras superpuestas.

CAPÍTULO VII

EL "ANGOSTO" Y LA NOCHE TERRIBLE

El descanso no les había venido mal a los caballos. Sólo les aquejaba el tormento de la mordedura de los murciélagos, que había recrudecido, lo que me decidió a cubrirlos con mantas todas las noches. Mostraban más vigor y no podía quejarme de su estado. Si éste empeora alguna vez no será por no haberles prodigado todos los cuidados que requieren. Quien viaje con caballos, a la manera que yo lo hago, no ha de olvidar los innumerables pormenores que involucra la atención de los mismos. Vigilarles el lomo para que no se formen o agranden las mataduras que luego se hacen incurables por impedir que se sanen lo continuo de la marcha; cuidar bien los cascos y engrasarlos; bañar a los animales, en las jornadas de calor, en cualquier charco o lugar con agua que se encuentre; poner cuidado al desensillar, si hay viento, pues debe taparse a las bestias inmediatamente con mantas que impidan el resfrío o, lo que es peor, la pulmonía; dejar la cincha floja siempre que se camine por terreno poco accidentado y no haya necesidad de correr. En cierta ocasión alguien me cinchó uno de los caballos apretándole sin que yo reparara en ello, lo que determinó una hinchazón que duró tres o cuatro días. En fin, no enumeraré todos los detalles que requiere la buena conservación de quienes soportan el raid.

Cubrí los dieciséis kilómetros de Tupiza a Oploca, donde, si hay alguna providencia para los viajeros obstinados, se presentó esta vez bajo la forma del administrador, el señor Caballero, del capitán Méndez, del ferrocarril y empleados del mismo. Ellos se ofrecieron para solucionar en lo posible uno de los problemas más difíciles de mi camino: la alimentación de los caballos. Se dió orden, transmitida a todas las estaciones ferroviarias, para que hubiera en ellas, a mi disposición, alfalfa en cantidad suficiente. Precisamente la Compañía la sembraba y la podía proporcionar en abundancia. Esto no significaba una garantía en mi marcha, pues como yo cortaba por los campos y cerros, en muchos casos no podía utilizar las ventajas que con tan buena voluntad se me brindaban en las estaciones.

Treinta y siete kilómetros más allá, y a tres mil trescientos metros sobre el nivel del mar y con las consecuencias de tal altura en los "tres expedicionarios", me encontré en Oro Ingenio. Al salir de Oro Ingenio se desató una lluvia terrible. No me sorprendió en realidad, porque la lluvia era cosa de casi todos los días. En la mitad de mis jornadas bolivianas tuve que soportar sus efectos tenaces. Llegaba empapada a casi todos los lugares donde había de pernoctar. Muchas veces lo que caía era granizo, un azote furioso de piedra que detenía a los caballos, que no pueden cerrar los ojos como nosotros y se ven obligados a volver la grupa a la tormenta.

Al salir del lugar mencionado, para evitar un rodeo de muchos kilómetros, había que avanzar por un cañón o profundo cañadón cercano a la estación del Chorro y que, si bien muy imponente por su aspecto, me parecía un camino posible de recorrer. Era, como dije, un cañadón estrecho con paredes como las de enormes edificios, cortadas verticalmente. Corría por él un arroyo que los caballos podían atravesar.

La gente blanca o mestiza, en castellano, y los indios, en aimará, me habían dicho que tuviera mucho miedo al cañón aquel y sobre todo: "Que no la agarre el Angosto pues entonces estará perdida."

El Angosto es el viento y la crecida de agua impetuosa dentro de la cañada, y también el nombre de la misma cañada. Era cosa sabida en la región que si la lluvia provocaba dicha creciente apenas era posible salvarse allí. Yo no pensé que en el tiempo que tardase en recorrerlo de punta a punta fuera a suceder nada de extraordinario.

Sin embargo, sucedió lo peor de todo. Comenzó a llover con fuerza. Debo advertir que *Príncipe,* antes de comenzar la lluvia, se negó decididamente a seguir marchando. Tuve que emplear, como en ningún otro caso, todos mis recursos y hasta el rebenque con energía para que anduviese. *Príncipe,* como veremos, tenía razón. Poco después el caudal del agua aumentaba en la angostura y una hora más tarde los caballos apenas podían dar un paso. Mugía el viento entre las paredes a pico y arriba sólo estaba el cielo negro. Me di cuenta del peligro y reuní todas mis fuerzas para no perder la serenidad. ¿Qué hacer? ¿Avanzar a riesgo de que se extenúen los animales, con la posibilidad de salir de la cañada, o emprender el regreso para también salir de ella? El miedo me invade. Todo lo que he oído decir del Angosto y de sus víctimas me llena ahora los oídos. Se hace noche y tengo la sensación de que he perdido el rumbo. Sigo en la desorientación hasta aproximadamente las nueve, y decido regresar, aunque no sé a ciencia cierta qué es ir hacia atrás o hacia delante. Los caballos no pueden seguir en un sentido ni en otro. El agua y las piedras que ésta arrastra golpean en ellos. Resoplan y respiran con los ijares oprimidos. Nadie les haría dar un solo paso.

Lo único que me queda es buscar casi a tientas un lugar en la escarpadura para salir poco menos que gateando del cañadón a la montaña. No sé bien cómo logramos, seguramente porque los animales participan del mismo deseo, salir de la cañada, escalando uno de los paredones. Perdida toda presencia de ánimo, me dejé caer en una peña, con mis compañeros allí tan desorientados como yo. La desolación iba haciendo presa de mi alma. A veces el viento desgarraba las nubes y una luna sin fulgor me dejaba ver en torno un paisaje todo lo árido que se puede imaginar sin ni siquiera un arbusto en el suelo rocoso. Creo que en el miedo de aquella velada, además de lo pésimo de mi situación pesaba algo como el miedo acumulado de riesgos corridos desde el principio del viaje. Perdí el aplomo. Me sentí como una niña aterrorizada. No atinaba a reflexionar; intentaba gritar sin conseguirlo y, otras veces lo hacía a todo pulmón. De pronto cantaba y cantaba para aturdirme. Era una noche eterna. Cuando en el cielo las nubes se espesaban y agrandaban, mi susto era mayor porque ello significaba el presagio de más fuerte lluvia. Cuando las nubes se rasgaban a la luz fulgurante de los relámpagos, veía el paisaje más hosco del mundo. En algunos momentos me echaba a llorar como un niño, y en otros quedaba absorta e inmóvil, sobrecogida por el silencio.

Finalmente empezó a aclarar y a tomar cuerpo la montaña. Me serené un poco, aunque de todos modos subsistía el problema de la orientación y no tenía idea ni siquiera aproximada de dónde me hallaba. Por último decidí montar a caballo y dejar la rienda suelta para que el animal anduviese según su deseo. Esto suele dar resultado y en la ocasión me condujo hasta el lugar, donde se dibujaba un camino.

A la luz del día, el sol ponía rojas, amarillas y azules

las piedras lavadas por la lluvia de la noche. Cuatro hombres de campo que pasaban a buena distancia, bordeando una loma, repararon en nosotros. Se acercaron sin ocultar su asombro ante mi indumentaria y, sobre todo, mi sexo. Las bombachas y las botas de montar y mi cabello rubio y largo, se les antojaban un contraste, como si hubieran encontrado en el desierto un animal del que no hubiesen oído hablar en toda su vida. Yo estaba acostumbrada a tales asombros, que no solían ser obstáculo para mis gestiones. Harta extrañeza y comentarios había provocado al pasar por una de las zonas de la región minera y ello no había impedido que me alojasen en una de las oficinas de la empresa Patiño, el rey todopoderoso del estaño. Precisamente acababa de atravesar uno de los trayectos —cerca de quince kilómetros— más áridos del camino. Creo que árido no es la verdadera palabra y casi no se puede llamar terreno a un suelo así, sin un árbol, ni siquiera una mata, ni una hormiga. Un paisaje mineral típico de este país de minerales.

En la ocasión a que me refiero, los cuatro hombres me llevaron hacia el lugar de Tres Palcas donde existía una caseta de telégrafo, pero ¡ay! nada que comer. Porque así son las cosas en estos viajes; se quiere atender a una necesidad y cuando ésta se soluciona, ya está en puerta la siguiente. Los tres desfallecíamos y, como de costumbre, me hacía sufrir más el hambre de los caballos que el mío propio. A mí me bastó, por el momento, el maíz que me trajeron algunas cholas; daban ellas lo que tenían, que es la base de su alimentación. Para los caballos intervino en forma providencial el ya nombrado capitán Méndez, quien al conocer, telegráficamente, el trance en que me hallaba, envió por vía férrea, desde Tupiza, una zorra cargada de alfalfa.

Al salir de Tres Palcas, una fuerte tormenta de granizo me hizo retroceder. El frío, cada vez más intenso, hace temblar a los caballos. Temo por ellos. Los hago entrar conmigo en una pieza que me han cedido para dormir y los pongo junto a mi cama, vigilando su aliento, pues recelo que alguno de los dos sufra una pulmonía. Es de ver cómo agradecen mi solicitud que parecería maternal. Por sí mismos evitan tener junto a mí las patas traseras por miedo a molestarme y en cambio se vuelven para tener la cabeza al lado de la mía. Prefiero dormir yo con menos abrigo y los cubro con mis mantas, luego de darles de comer. Tomo un bocado de torta frita de harina y papas que me han traído las solícitas cholas.

Al reanudar la marcha noto cada vez más agudos los efectos del frío, ya que nos acercamos a Escoriani, a cuatro mil metros sobre el nivel del mar. El frío será uno de mis grandes enemigos a lo largo de gran parte de Bolivia y en especial del llamado altiplano. Varias veces tuve la boca endurecida e hinchada hasta el punto de que me era imposible comer. Uníase de este modo, a la frialdad del alma la flojedad angustiosa de mi estómago.

El camino reanudado tenía que ser por otros cañadones semejantes al Angosto de tan mala memoria. Me convencieron de que no podría andarlos sin la compañía de guía. Por experiencia, estaba convencida de ello.

Íbamos por arroyos, pues no existían caminos, y por momentos creí que nos arrojaban piedras desde las alturas laterales: se trataba de despeñaderos en que las piedras rodadas bajan sin cesar. Los guías me indicaban la manera de precaverse de aquel nuevo peligro, con lo cual cumplían una parte de su obligación. La otra, la de acompañarme hasta llegar a destino, la llenaban muy parcialmente, pues se pusieron de acuerdo para alternarse, pues no obstante ser nativos, resistían mal aquella inclemencia y vericuetos. En las inmediaciones de Escoriani, fué tal la inclemencia que hube de hacer alto y resguardar los caballos en la carbonera de una pequeña estación del ferrocarril.

¿Población? Apenas unos rancheríos muy ralos de los indígenas y algún puesto del ejército.

Al salir de Uyuni y dirigirme a Chita, distante cuarenta y ocho kilómetros, atravesé una malísima zona de ciénagas donde las patas de los caballos se hundían y había que sacarlos con grandes esfuerzos, desmontando y evitando hundirme también. La gente de un caserío me dijo que fuera dejando señales —pedazos de trapo, palos o algo así— por donde caminase, pues seguramente habría que salir en mi busca cuando se perdiera todo rastro de mi persona.

CAPÍTULO VIII

EN LAS ALTURAS, CON LOS CACIQUES

No quise emplear las señales, pues pensaba que si había que hacerlo cada vez que me viera en el trance de perder el rumbo, habría tenido que pasarme la vida cortando trapos o rompiendo pedazos de madera. Pero reconozco que los del caserío tenían razón. No era posible orientarse en aquellos fangales, penosísimos de andar. Pareciera que nunca se hubiera de salir de ellos y se necesita un gran esfuerzo para no desesperar del todo y rendirse sin realizar ningún intento para seguir avanzando. Con todo, yo avancé, y cuando mi desorientación era completa, encontrábame cerca de Chita, en donde la gente que se había enterado de mi marcha, había salido, revuelta y llena de susto, en mi busca. El propio alcalde con numerosos indios a su lado, recorría desesperadamente las ciénagas haciendo oscilar la luz de su linterna a manera de señal. Gritaban todos al mismo tiempo y se oían sus voces a través de la tormenta. Los relámpagos rasgaban el cielo y uno de ellos deslumbró de tal modo

a *Príncipe* que se encabritó y tuve que hacer mil esfuerzos para que no se desbocase. Al fin, los que acompañaban al alcalde se mostraron muy satisfechos de encon-
trarme entre el barrizal y poderme alojar en sus toscas
viviendas.

Cuando quise pasar a Río Mulato, separado de Chita
por cincuenta y seis kilómetros, me salió al paso un huracán que habría detenido a un regimiento. Debido a la
intensidad del viento, la arena parecía metralla, y los gui-
jarros, proyectiles disparados con furia. Tuve que quedarme en un rancho de indios donde, como otras veces, se me
brindó hospitalidad silenciosa pero no por ello menos
afable. Yo ya había adquirido la costumbre, que ya no
abandoné, de hablar sólo las palabras imprecindibles, y
también lo propio de la cortesía indígena: poner buena
cara a sus comidas y sencillos ofrecimientos, imitar sus
gestos y actitudes. Me veían encantados comer sus tortas
de harina y oír la música bella y triste a la vez de sus
quenas. Entonces los más viejos, o las mujeres de más
autoridad, solían sonreírme: "Patroncita, ¿vas a quedar-
te mañana?" "Patroncita, ¿buscamos algo para esos animales?"

Yo, que, como sucedió tantas veces después, dormía muy
frecuentemente en los sitios más improvisados (casetas solitarias de telégrafos, ruinas de piedra, chozas abandona-
das), me sentía cómoda en los rancheríos de los indígenas. Generalmente, pretextando la necesidad de hallarme
cerca de los caballos, si el frío no era pavoroso, dormía
fuera de los ranchos, donde el hacinamiento enrarecía
el aire más de la cuenta. Era casi norma que el jefe se-
ñalara un par de hombres para que permaneciesen toda
la velada junto a mis bestias, sobre todo para evitar que
alguien las robase. La promiscuidad es allí un hábito y
me miraban entre asombrados e indiferentes cuando yo
traté de evitarla. En el rancherío a que me refiero tendieron al aire libre unos cueros de oveja a modo de camas.

Junto a la mía, cerca de los caballos, fué a dormir un muchacho de veinticuatro años que colocó la piel de oveja pegada a mi "lecho". Les dije a los mayores de la casa que prefería tener por vecinos nocturnos al matrimonio de más años, y la mujer me contestó sin comprenderlo:

—¿Por qué no quiere que duerma allí el hombrecito?

Viendo la ausencia de malicia, no me tomé el trabajo de explicarles la causa de mi resistencia a dormir al lado del muchacho. Y es verdad, que, casi sin excepción alguna, entre los indios del campo, y en general en todos los países con población indígena que he recorrido, la promiscuidad no quiere decir relajación de costumbres; al menos, no se observa nada de esto ni en los lugares más pobres o más primitivos donde las mujeres llevan el busto al aire, y no se advierte, como entre los blancos, esa casi obsesión del género que sabemos.

Sea como quiera, cuando dormía acompañada de gente, mis noches eran más descansadas y menos tenaces mis pesadillas. Pues, especialmente cuando dormía en sitios solitarios, me asaltaban sueños que renovaban las peripecias sufridas, agrandando y haciendo más espantosos sus peligros. En ocasiones me despertaba agitada y gritando.

Hablando de los pequeños poblados indígenas me viene a la memoria una aventura en la cual me viera envuelta en cierta jornada de mis andanzas. El cacique, Pedro Juan por nombre cristiano, era viudo y no viejo todavía. Hizo que se me dispensaran toda clase de atenciones, y tan obsequiada me vi, que me detuve allí un día más de lo pensado. Para la vigilancia nocturna de los caballos destinó diez hombres. Casi me alarmaba tanta vigilancia y caí —tengo que confesarlo— en la sospecha de que algo se tramaba. Pero no fué así. Para que yo durmiese bajo techo, sin ser importunada, desalojó su propia vivienda, compuesta de poco más de una choza, en la que generalmente dormían ocho a diez personas. Él mismo pasó la noche al sereno. Una noche helada, lo recuerdo bien.

Cuando me disponía a ensillar para marcharme, recibí un ruego del cacique para hablar un momento a solas con él. No era a solas, verdaderamente, pues cerca se hallaban unas mujeres viejas, tan indiferentes como momias, pero que supongo estaban allí para evitar que nos viésemos sin testigos.

El hombre, sin rodeos, propuso, lisa y llanamente, quedarme en el lugar y compartir con él todas las ventajas y privilegios de su cacicazgo. Poseía algunas tierras muy pobres, eso sí, y un rebaño de llamas superior al de varios vecinos reunidos. Además, unas cuantas mujeres y chiquillos trabajaban por cuenta de él en el pintoresco telar que producía ponchos y otras prendas de muy bellos colores y filigranas. Yo pensé que aquel era un lance propio del camino para tomarlo a broma, y sin mostrar desprecio, le pregunté: "¿Pero sería con matrimonio?" Contestó que no había pensado otra cosa y que allí cerca, a unas ocho leguas, había una iglesia adonde de cuando en cuando acudía un Padre para tales menesteres. Todo consistía en coincidir con él y arrodillarse unos minutos. Conociendo el carácter y las costumbres de los indios, sabía yo que era muy rara una propuesta de aquel género. Pues en general, o no entran en sus cálculos o no sienten inclinación por ellas, por lo que no suelen solicitar a las mujeres llamadas blancas.

El cacique se había vestido para la entrevista con sus mejores galas, de colorines, su mejor sombrero y un lujoso bastón. Me maravillaba el empeño y la naturalidad que ponía en su propuesta. Tal vez tuviese la idea de que en todas partes, por esos mundos, sólo había pueblos míseros y tranquilos con poco más de recursos que el suyo, y que no le importaría demasiado a cualquier persona elegir entre una y otra aldea semejante. En fin, no estoy segura de lo que pensaba y tampoco de las razones que tenía para pensar así; lo cierto es que se hacía difícil hacerle comprender los pretextos y causas reales por los que la "patroncita rubia" no podía aceptar. Ni siquiera se inclinaba ante las razones de mi viaje, imposible de interrumpir, y documentado ya por las firmas y sellos de las autoridades en mi libro. Reduciendo todo a las proporciones de su ambiente, me dijo que también él a veces había emprendido un viaje con las llamas, hacia cerros lejanos y decidido de pronto interrumpirlo sin que por ello ocurriera nada grave. Misteriosa y solemnemente le tuve que decir al oído: "Son órdenes de los gobiernos, Canadá y Argentina, ¿sabe?" La verdad es que sabía bien poco de la existencia de ambos países y que, con un concepto más o menos claro de las naciones, los gobiernos y sus órdenes, siguió insistiendo en su deseo. Yo me reía, pero lo vi tan serio que me pareció preferible dejar de reír. Acudí a la evasiva que no podía fallar: "Las órdenes son órdenes, pero a mi regreso pasaré por aquí mismo y entonces veremos. Supongo que ya se habrá casado con una de estas mujercitas tan lindas que veo por acá."

Ya que estamos refiriéndonos a estas cosas, de orden ameno y al margen del raíd, que es lo importante, diré que la evasiva "cuando regrese hablaremos", sabiendo que nunca repetiría el itinerario, la usé en diversas ocasiones, pero con hombres que se llamaban civilizados. Muy raramente, entre indios, campesinos o pastores. No guardo ningún mal recuerdo, sino que lo pongo en la lista de las atenciones amables: más de un sargento, o un dueño de granja o un compañero de hotel o alguien cuya categoría no importa, me habló de interrumpir el viaje con fines sentimentales —para emplear esta palabra— y les dije lo de: "Al regreso." Siempre se trataba de una atracción, supongo que pasajera —pasajera como yo— motivada sobre todo por lo poco común de mi aventura. Si alguna vez las cosas fueron de otro modo, más violentas y malintencionadas confié siempre en la decisión

que se guarda para el momento requerido y en mi revólver, o en mi rifle.

En el caso de aquel buen hombre Pedro Juan, no sabía
cómo disuadirlo. Habló con las mujeres viejas y ellas —me
parece que con hipocresía— me llenaron de zalemas. Corría el riesgo de que se propalase la noticia del casamiento ideado por el cacique. Aquella noche dejé los
caballos ensillados y preparados y cuando todo el mundo
dormía los saqué con sigilo a cierta distancia del rancherío y allí monté y los puse al galope. Era una fuga
sin pizca de cortesía, lo comprendo. Pero no veía otra
solución.

En Río Mulato, a tres mil ochocientos metros de altura,
pasé el año nuevo de 1951. Una fiesta animada de indios
y no indios me entretuvo toda la noche y me obligó a
tomar aguardiente del que se bebía allí, aunque con mucha precaución y derramando con frecuencia el contenido del vaso con el disimulo del caso.

Al día siguiente el cacique, hombre de unos cincuenta
años y de rostro bondadoso, me dijo —y yo convine con
él— que por la tierra que ahora iba a seguir recorriendo
no podía continuar sin un baquiano que conociese los
pasos de los ríos. Se proclamó a sí mismo, tal vez el único
hombre de toda la región capaz de no errar en tales casos.
Comprobé que los vapores de lo bebido en la fiesta ya
se le habían disipado y decidí confiarme a su ciencia del
terreno. Dos muchachos se ofrecieron también a servirme
de guías, pero el jefe los alejó con una sonrisa despectiva:
"No saben nada. Tendrían que ir pegados a la teta de
la madre." Y con admirable decisión se puso en marcha,
como quien está decidido a dar la vuelta al mundo. Va-
gamente le prometí que si se fatigaba demasiado le permi-
tiría montar en el caballo de carga, y él me respondió
que jamás montaría una bestia así. En verdad esta gente
no monta ni siquiera en burro ni emplea otro cuadrúpedo
que no sea la llama, animal que abunda en la región.

Este animal, justo es advertirlo, puede avanzar, a su tro-
tecillo, tanto o más que un caballo.

Al principio, el flamante cacique caminaba muy oron-
do y se mostraba muy hábil al describir los zigzags que
requería el constante cruce de arroyos y corrientes. Pero
el juego se hacía cada vez más difícil y vi cómo el hombre iba perdiendo entusiasmo poco a poco. Al pasar por
un pequeño caserío, que no esperaba hallar en aquellas
soledades, el práctico se desinfló por completo.

—Ahora ya va bien, patroncita. Ya ve que hice todo
lo que pude...

—Pero ahora vamos peor que nunca.

—No, no. En seguida va a encontrarlo buenito.

Casi siempre ocurría lo mismo con los guías indígenas
que se me presentaban. Mucho celo en los comienzos,
pero a medida que se van alejando de sus valles o sus
ranchos les entra de pronto el deseo incontenible de
regresar.

De manera que me quedé sin el cacique precisamente
cuando me adentraba en una zona montañosa, más árida,
si cabe, que la anterior y en la cual parecía haberse
acumulado toda la arena y la piedra del mundo para
matar cualquier árbol o verdura del paisaje. Tengo que
confesarlo, no podía permitirme el lujo de dar mayor
importancia a la belleza o falta de belleza de los panoramas, sino a las consecuencias prácticas de ello. La uni-
formidad del suelo suele traer consigo la desorientación
por falta de puntos de referencia; y el que no exista
verdura para alegría de los ojos lleva también consigo
la falta de pasto para los caballos. En esta ocasión se
reunieron ambas cosas y me vi perdida en el desierto y
sin nada que llevar a ninguna de las tres bocas. Sólo agua.
Agua, sí, y bien abundante. Fué otra jornada muy dolo-
rosa en la que lloré amargamente sobre el recado de mis
bestias. No pocas veces lo hice pero siempre, en completa
soledad, nunca ante testigos. Si no salía de aquel páramo

de arenisca y de piedra, los animales lo pasarían muy mal. No divisaba ni el humo de una choza ni siquiera las siluetas de unas llamas. Tumbada en el suelo, al reparo de una peña, sin soltar los cabezales de mis dos compañeros, hubiera deseado ver correr una lagartija, saltar un ratón, algo que diera la sensación de vida. Descorazonada, me pregunté si era por excesiva torpeza mía por lo que ya me había extraviado varias veces. Pero recordé que los propios naturales me habían anunciado, siempre, la dificultad de orientarse en regiones como ésta en que me hallaba.

Hice como en otros casos análogos: monté, largué la rienda y le dije al caballo: "Tú sabrás hacia dónde hay que ir."

CAPÍTULO IX

TREPANDO POR PRECIPICIOS

Realizando infinitos prodigios para orientarse, atiesando las orejas hacia el Norte y hacia el Sur, hacia el Este y hacia el Oeste, fué encaminándose hacia donde, después de todo, era de esperar. Regresó al último lugar de donde habíamos partido, y el alcalde —todas las aldeas tienen uno— se alarmó llevándose las manos a la cabeza, por el estado en que regresábamos. Yo llegaba encorvada sobre el cuello del animal, desfallecida de hambre y en lamentabilísimo estado. El cacique que me había acompañado le había dicho: "La mujer que recorre el mundo con los caballos la he dejado con el camino bien aprendido; si vuelve es que se habrá cansado de recorrer mundo y querrá descansar." Expliqué lo que había ocurrido: "Él es quien se ha cansado de guiarme, porque le faltó demasiado pronto el coraje."

Entonces el alcalde montó en cólera e hizo sonar estridentemente su pito de plata: pronto estuvieron allí, más de doscientos indios que acudían de todas partes.

Mandó hacer silencio y con voz campanuda expuso a todos:

—Esta valiente mujer se dirige con sus dos caballos desde un hermoso país hermano nuestro, muy rico y muy grande, que se llama Argentina, hasta otro más lejano y ahora pasa por nuestra tierra; tiene un compromiso y una obligación, sagrados para ella, de terminar el viaje. Estos terrenos que le han tocado por aquí son, como ustedes saben, endemoniados de andar. Necesita un guía que la conduzca y que sea conocedor de estas tierras. ¿Hay algún hombre valiente que quiera acompañarla aunque no sea más que a Sevaruyo?

Se hizo un silencio durante un rato. Oí un relincho de *Churrito* como si también él preguntara qué iba a pasar.

Se adelantó entonces un indio joven y alto, mirándome a mí con aire de triunfo como si dijese: "En esta aldea hay gente para todo." Cuando lo vi tan resuelto buscar su bolsa con la coca y algunas cosillas de su uso y agarrar el caballo de la rienda, poniéndose en camino con tan excelente disposición, me dije para mis adentros: "Ahora sí que encontré un tipo de los que no retroceden."

Dejamos atrás la aldea y pronto nos vemos, como va a suceder todo el día, subiendo y trepando por senderos en caracol sobre un suelo montañoso que martiriza a los caballos que apenas dan unos pasos tienen que descansar. Las herraduras se afirman increíblemente en las aristas de las piedras y muchas veces resbalan sacando chispas del pedernal. Mis pies parecen negarse a continuar sobre la dureza filosa que corta y maltrata mis zapatos. De repente *Churrito* pierde pie y resbala con un relincho de dolor. Afortunadamente lo sostienen de la rienda todas las fuerzas de mis brazos y los del guía. Sujetándolo con desespe-

ración conseguimos que se recobre e incorpore y nos
reponemos todos del esfuerzo, en pie sobre un paso, una
como cornisa, donde apenas nos podemos mover.

Aunque habituada a avanzar trepando con las herraduras de los pobres animales, con las rodillas y casi con
las uñas, cada vez que me veo en esta tarea exasperante
me parece que la anterior fué cosa ligera. Es un ejercicio
realizado con la vista, con los miembros y con los nervios
y con el resuello contenido, viendo padecer a los dos caballos, que ponen a prueba toda su resistencia y toda
su voluntad. En ocasiones ha de llevarse de la rienda a las
bestias y precederlas; pero cuando ya por sí mismas están
decididas a salir adelante, caminan a saltos y pueden arro-
llar al que va a pie. Entonces hay que montar y pedir
a Dios que el animal no resbale. Y si resbala que no
ruede con quien lleva encima. A todos estos trabajos
había que añadir entonces, en mi caso, los efectos de la
altura, manifiestos en los zumbidos de las sienes y en los
latidos del corazón. El guía no parecía sentir tales efectos
y mascaba sus hojas de coca sin decir palabra pero cada
vez más asustado.

En uno de los altos, buscando un terreno propicio donde afirmarse, uno de los caballos atropelló al otro y los
dos perdieron el equilibrio y cayeron. Me llevé las manos
a la cabeza, di un grito y me tapé los ojos. Respiré temblando al ver que se mantenían sin rodar cuesta abajo y
que con gran esfuerzo, tanteando muchas veces con sus
patas, se arrodillaban y erguían nuevamente.

El miedo del indio crecía en la misma medida que las
dificultades que ofrecía el terreno. Atiné, entonces a pensar para mis adentros: "Éste empieza también a flaquear."
Lo veía en su cara, aunque cuando comenzaba a acompañarme afirmó varias veces que donde yo quisiera ir, iría
él. Así fuese al fin del mundo. Aquello no era el fin del
mundo aunque sí el fin de todo lugar razonable para
la marcha de seres humanos y de seres de la raza equina.

El horizonte no ofrecía otra cosa que aquella como áspera maldición de la naturaleza. El joven guía se plantó delante de los caballos y con la misma decisión con que se había ofrecido heroicamente en la aldea, exclamó:

—Yo no sigo.

Le grité con toda la fuerza de mis maltratados pulmones:

—No permitiré que seas el tercero.

El indio no comprendía esto, ni le interesaba ser el tercero ni el primero de no sabía qué orden, pero lo cierto es que yo me estaba refiriendo con justa cólera a los acompañantes que me habían dejado extraviada en lo peor de la marcha. Como su decisión parecía firme, le enseñé mi arma y le dije que tendría que atenerse a todas las consecuencias.

Entonces corrió a esconderse entre unas matas de yuyos, con una actitud un poco infantil, y hasta allí fuí a buscarlo, siempre amenazante. Era un hombre joven, muy musculoso, a quien yo no habría podido detener en un trance de verdadera violencia, y demás está decir que no tenía decidido apretar el gatillo del revólver para matarlo, en el caso de ser desobedecida. Pero mi actitud pareció decidirlo, y el hombre contestó:

—Bueno, vamos.

Y al cabo de un momento:

—Echemos a andar, patroncita. Uno al lado del otro.

—No, no —le grité—, tú siempre delante. Los guías que me acompañen tienen que ir delante de mí.

Seguimos como yo deseaba y el joven volvía de cuando en cuando la cabeza como diciendo: "¿Ve que es una locura seguir caminando por aquí?"

Tenía razón, en efecto, pero ello de poco valía, cuando, como en esta circunstancia, se ha puesto toda la voluntad al servicio de un propósito. Descargó una tormenta que arreciaba sin cesar. Los caballos tenían que meter el morro entre las patas; yo la cabeza junto al cuello del caballo;

el indio avanzaba casi siempre a gatas y sin que yo perdiese de vista sus movimientos. Así, como dos almas en pena, con unas bestias extenuadas, cubrimos los cuarenta y cinco kilómetros hasta Savaruyo y alcanzamos las casas de este pueblo.

Se celebraba allí la fiesta más importante del lugar. Yo hubiera preferido un día más tranquilo y más distante de la festividad aquella. Encontré a todo el mundo bajo los efectos del alcohol. Como si de pronto un pueblo tranquilo y rutinario se viese atacado de locura. Por la calle todo era cánticos, bailes y gritos incesantes. En un grupo chillaban, en otro lloraban y no sabía a quién pedir alguna información relativa a mi alojamiento. Mi llegada produjo un efecto impresionante en la multitud de los borrachos. Unos me agarraban, otros me soltaban y todos me rodearon en tal forma que me vi en peligro de ser arrollada. De cuando en cuando picaba espuelas al caballo para imponerme y dispersarlos. Tuve que acudir a toda mi energía y cargar con los ponchos de las bestias e infundir terror con mi rebenque. Cuando se supo en el pueblo mi presencia, vinieron muchas mujeres, también con gestos descompuestos, y tratando de solucionar mi problema, me llevaron al jefe de la estación del ferrocarril. Allí, todos estaban, también embriagados. Pude refugiarme en casa de un telegrafista, donde los dueños de casa me permitieron quedarme, pues parecían un poquito menos embriagados que los demás.

La algazara infernal subió entonces de punto, pues mi extraña figura había hecho que la fiesta en el pueblo cobrase más animación.

Una banda de música, cuyos integrantes estaban todos borrachos perdidos, fueron a ofrecerme su estrepitoso homenaje y me llevaron en triunfo por las calles. Aprovechando el tumulto, un indio se encaramó sobre *Churrito*. Como no sabía manejarlo y el animal estaba asustado con tanto estruendo y tanto moverse de aquí para

allá, se desbocó y emprendió la carrera con el borracho
agarrado con todas sus fuerzas a la montura. Cabalgando
en *Príncipe* eché a galopar para dar alcance a la otra
bestia. La gritería de los indios se hizo estrepitosa, pues
todos afirmaban que el caballo desbocado llevaba el propio demonio dentro del cuerpo. Y si uno de mis animales
podía esconder a Satanás, yo no debería estar muy lejos
de estar endiablada.

Quiso la mala suerte que *Churrito* derribara a una pobre mujer y también un tinglado con no recuerdo qué
imagen venerada en aquella fiesta, lo cual fué causa de
que cuando alcancé al animal desbocado y lo detuve llamándolo con energía por su nombre, toda la gente me
rodeara en actitud verdaderamente hostil. Me pareció
entender que lo que se proponían, sobre todo, era hacer
algo grave con el endiablado *Churrito*.

Grité que no era más que el anticipo de toda una
multitud de jinetes como yo, que vendrían muy pronto,
y con demonios mucho más grandes dentro de sus caballos y no dejarían títere con cabeza. En medio del vocerío
no era muy clara mi voz, pero la oyeron unas viejas mujeres y en seguida, aullando y corriendo por el lugar, lo
propalaron por todas partes. Esto aplacó un poco a la
gente enfurecida y aproveché el momento para huir a
todo galope de mis dos cabalgaduras.

Los indios no me persiguieron, y seguramente por la
confusión e inconsciencia de su estado, unas horas después acaso no recordaran nada de lo sucedido.

Muy fatigada tras esta dura brega, y asustada todavía,
aquella noche dormí al raso, y debido a la baja temperatura y a los efectos que la altura ejercía sobre mi respiración, desperté a la madrugada dando diente con diente
y achuchada. Me sentí muy desfallecida, y mi mal se agravaba al pensar que me vería obligada a hacer alto en
aquel descampado, sin poder contar con ayuda alguna
y en medio de una naturaleza hostil. Mis caballos eran

animales muy inteligentes, de los cuales se suele decir: "No les falta más que hablar", pero eso les faltaba, y no hubieran podido llegarse hasta el pueblo y decir que yo quedaba temblando de fiebre en el camino. Por eso apelé, como otras veces, a toda mi fuerza de voluntad, y doblada, con la cabeza vencida sobre la montura, sin apenas poder manejar la rienda avancé un poco al capricho del animal. La lluvia cayó entonces copiosamente y el agua que se escurría por mi capote y por las crines y el pelo de las bestias, hacía nuestro estado más lamentable. Así pues puse el pie en el pueblo de Huari en momentos en que mi organismo no hubiera aguantado la marcha una legua más. Allí me atendieron con amabilidad muy digna de gratitud y me proporcionaron remedios para reponerme. Es una localidad donde se fabrica cerveza y existen buenas facilidades de vida. Pero estaba visto que ni siquiera enferma podía yo reposar. Se planteaba el conflicto de la comida de los caballos, se negaban a comer la paja de cebada que se les ofrecía abundantemente.

Por esta circunstancia, e inspiradas por mi estado volví a oír, con más tesón que otras veces, las recomendaciones y consejos respecto a la locura que significaba continuar mi viaje. Por mi parte, en cuanto los temblores y escalofríos me dejaron hablar, les dije:

—No hay más remedio, es cosa decidida. Siento que volverme atrás sería como si todas las mujeres gauchas de mi tierra retrocediesen, fracasadas. No hay más remedio... —Añadí que la dificultad de alimentación de los caballos me obligaba a seguir aun con más prisa, para encontrar dónde nutrirlos debidamente.

Y hube de encontrar lo que tanto anhelaba, más lejos, en una guarnición militar a la que llegué el 4 de enero de 1951. Recuerdo esta fecha porque mis pobres amigos encontraron la alimentación y el alojamiento que tanta falta les hacía. En el regimiento "Ingavi" de caballería, de Challapata, pude hallar ambas cosas.

Los oficiales del regimiento me dispensaron gentiles atenciones y la despedida tuvo entusiastas contornos. Todos pusieron sus firmas en mi libro, al pie de esta leyenda: "Ana Beker: El raid que vais realizando constituye un acontecimiento digno de toda admiración. Los hombres de a caballo lo valoramos como heroico. Que lleguéis a la última etapa del raid con la frescura y lozanía de la pampa argentina. Que *Príncipe* y *Churrito* os acompañen con su nobleza y lealtad."

En Pazña hice cambiar el "calzado" a los animales, que buena falta les hacía, si bien el maestro herrador, como luego se verá, anduvo bastante ligero en la faena.

Marché, luego, por la zona de las minas de estaño de Patiño hasta Oruro, que es el centro minero de la región de más rico subsuelo. El valor de los minerales bolivianos: antimonio, plomo, plata, cobre, bismuto, zinc, wolfram, es incalculable para una pobre raidista como yo, que recorre una de las tierras más frías e inhóspitas que se conocen y no ve un solo reflejo de esa riqueza.

Poco a poco me acercaba a La Paz, aunque todavía hube de padecer mucho en la marcha sobre el despeñadero. Llegué a pensar si ya no pisaría más que piedra en el resto de mi existencia. Para empeorar las cosas *Príncipe* perdió una herradura y ello me obligaba a economizar trayecto y bajar siempre que era posible, rectamente por las montañas. Por Soledad, Eucaliptus, Lomitas, Vizcachani, Calamarca y Viacha, siempre con camino penoso cuyas características no voy a repetir, pude dar con mis cansados huesos y mis maltrechos animales en la estación de El Alto, que es el mirador y la atalaya de La Paz. Mi última etapa había sido de sesenta kilómetros. Respiré aliviada, aunque con el resuello bien ahogado a cuatro mil metros de altura, y me dispuse a presentarme en la principal ciudad boliviana.

CAPÍTULO X

ADIÓS A DOS FIELES AMIGOS

Mi primer contacto con gente de La Paz fué en las
afueras de la población. Aquella noche, por no tener
otro lugar donde alojarme, tuve que hacerlo en el cuartel de carabineros. Muy obsequiosos, éstos ofreciéronse a
cuidar de mis caballos, y aunque les advertí que siempre
les daba de comer por mi mano y prefería hacerlo así,
tanto insistieron que les dejé hacer, si bien insistiendo
mucho en lo esencial: "primero el agua y luego la comida", fórmula sencilla que repetí seis o siete veces. Pero
el cuidador de servicio en el establo hizo exactamente al
revés. *Príncipe* fué víctima de un cólico fulminante. No
me avisaron en seguida y cuando fuí a verlo, todos los del
cuartel se asomaban a contemplar a la pobre bestia revol-
cándose en sus dolores. Enmudeció por un momento. Un
cólico con efectos de aquella violencia, a cuatro mil metros de altura me hacía temer lo más grave. Llegó el
veterinario y después de su intervención, el estado de
Príncipe empeoró. Yo gritaba, sacudía a los hombres con
desesperación. "Si se muere, es que me lo han matado,
que me lo han asesinado."

Como si la furia de la naturaleza se uniese a la mía,
se descargó una fortísima tormenta de granizo, y, siendo
el lugar donde estábamos un campamento de emergencia,
nadie se atrevió a soportarla, y todos se alejaron veloz-
mente.

—¡No lo abandonen, no lo abandonen, aunque caigan
sables de punta! —gritaba yo.

Pero me quedé sola con *Príncipe* prodigándole todos
los cuidados que se me ocurrían. No sentí entonces ni
el azote del granizo, ni el frío, ni nada... Con mi manta

para la lluvia, cubrí al animal, que antes de dos horas
moría, mirándome muy fijamente. Antes que diera el último quejido, abrazándolo, hablándole como a un niño,
conseguí levantarlo sobre sus patas, que se doblaban,
y que llegara dando sus último pasos, hasta donde se hallaba su viejo compañero *Churrito*.

Cuando vi que ya no alentaba, que el amigo de tantos
ásperos e increíbles caminos estaba rígido y con los ojos
velados por la muerte, me abracé a su cuello, mientras
los sollozos me sacudían incesantemente. Lloré amargamente. No recordaba haber llorado así en toda mi vida
por nada ni por nadie. Ajena a la noción del tiempo,
permanecí toda la noche al lado de mi pobre amigo,
verdadero amigo, que acababa de perder. Ya no volvería
a oír la música tenaz y valerosa de sus herraduras sobre
las piedras ni a sentir su resuello cuando con inaudito
esfuerzo trataba de sostenerse en las pendientes casi per-
pendiculares; ni vadearía ya los ríos sobre su lomo, mientras nadaba y rompía la corriente con denuedo; ni juga-
ría con él en los ratos de descanso, cuando me quitaba
el sombrero con los dientes, o yo lo llamaba por su nombre escondida detrás de las peñas. Es difícil para quien
no ha estado en esta situación, saber cómo se quiere a un
animal así. Y era todavía más patético ver al otro caballo,
Churrito, entristecido como si de sus ojos también pu-
diesen brotar las lágrimas. Me tuvieron que apartar de
junto al cuerpo muerto como se separa a alguien del fé-
retro de un ser muy querido.

Y, después de enjugar mi llanto y dominar mi congoja, me vi obligada a pensar en la solución del problema
que representaba para mí, en pleno viaje, la pérdida su-
frida. Me resolví a cursar un telegrama dirigido a la esposa del presidente y otro al general Bertollo, ambos en
Buenos Aires, pidiendo, en reemplazo de *Príncipe*, otro
caballo que me permitiese continuar el raid. Indiqué la
conveniencia de que el caballo fuera de Salta para que

se encontrase, en territorio argentino, más cerca de La Paz.

A los quince días de mi detención forzosa allí, cuando yo dudaba de que mi pedido se hubiera podido atender, llegó un oficial de la policía argentina, llamado Adolfo Nievas, alto, moreno y vigoroso, con todo el aspecto de los antiguos y gloriosos gauchos de Güemes. Traía el policía salteño un caballo para mí, el animal que había solicitado. Un tordillo de buena estampa que se llamaba *Luchador* y contaba de doce a trece años. No pude evitar un gesto de fastidio; aunque muy agradecida, observé que el tordillo era muy blanco, y desde niña, en los pagos campestres en que me crié oí la opinión, que podía o no ser creencia supersticiosa, de que los caballos blancos atraen el rayo. Era además una bestia arisca, y para herrarla se hacía preciso derribarla en tierra. El caballo había sido elegido con más buena voluntad que acierto por el doctor Costa, muy buen médico pero poco experto en equinos, sobre todo de la clase de los que yo necesitaba.

Con todo, me puse a la tarea de preparar al nuevo compañero, tratando de adaptarlo a la altura especialmente. Un trabajo duro y de mucha paciencia. Todo ello en La Paz; después hablaré de mi larga estada en ella; por ahora proseguiré con el tema de las vicisitudes sufridas a causa de los caballos.

Al continuar el raid, a dos días de La Paz, sucedió el otro horrible percance. Era cerca de Huarina y junto a la propiedad del señor Hanardt. Avanzaba yo por la carretera y en dirección contraria venía un camión con dos o tres indios, uno de ellos a cargo del volante. Era una recta de un par de kilómetros; *Churrito* solía asustarse de los camiones, y esta vez no dejó de mostrarse agitado, por lo que hice ostensibles señas al chofer tratando de que parase o aminorase hasta el mínimo la marcha. Lejos de hacerlo, siguió con la misma velocidad. *Churrito* se volvió y dió con el anca en la parte del puente de la carretera en que estábamos. Se ladeó en lo que técnicamente se llama un cuarto de conversión. El vehículo, que venía a toda marcha, lo alcanzó lanzándolo, hecho pedazos, más allá de la cuneta. El golpe fué terriblemente violento. La sangre del animal me salpicó enrojeciéndome como si también estuviera herida. Yo misma lo creía así, pero sólo sufrí un desmayo y calculé que tendría heridas internas, pues el animal había caído encima de mí. Los huesos de la cadera del pobre animal habían quedado a pocos pasos. Me levanté enloquecida de pena y rabia. Fuí a caer llorando sobre el caballo. El chófer del camión había aminorado un poco la marcha y había seguido luego con más velocidad aún.

Alrededor de mí había unos cuantos indios que me decían:

—Corra, corra, patroncita, el del camión debe pagarlas.

También se encontraba allí el señor Félix Nistaus, administrador de la finca del señor Hanardt, a que ya me he referido.

En esto *Churrito* lanzó un relincho, mirándome desesperadamente, y murió. Le besé el hocico, enjugué mis lágrimas y montada en *Luchador* salí a todo galope, no sin antes advertir a la gente:

—No borren las huellas.

Quería demostrar cómo el camión se echó encima de mi caballo. Mis primeras gestiones para denunciar el hecho tropezaron con un muro de indiferencia. Quería poner un telegrama y no me decían a quién debía dirigirlo; en la oficina de Tránsito se encogieron de hombros, nadie pudo recoger el número de la chapa... Parecía una conjura establecida entre todos. Finalmente me quejé al gobernador, y poco más tarde el camionero era detenido como podría haberlo sido antes. Los trámites enojosos continuaron en La Paz, a donde regresé, como si a mí no me bastara la congoja que me partía el corazón con la pérdida de *Churrito*. Pleito con el camionero, abogados, ofrecimiento de arreglo... y bronca con el jefe de Tránsito que deseaba liquidar mi asunto de cualquier modo. Gritaba él y gritaba yo. Golpeaba él con el puño en la mesa, y yo con el rebenque. Felizmente era un buen hombre y luego del altercado vino la reconciliación. Se mostró muy amable, y el día de mi despedida de La Paz hizo formar una columna motorizada para acompañarme.

Por su parte el chofer del camión que nos atropelló, que se llamaba Zenón Céspedes, cuando le fué reprochada su falta de precaución al cruzarse conmigo, contestó tranquila y textualmente: "Yo los vi venir, pero creí que era un indio con sus caballos." Como si a un indígena lo pudiera atropellar y dejar tendido en el camino. Y cuando también se le afeó su proceder inhumano al no detenerse, repuso: "Al ver lo que había pasado con la señorita me asusté de lo que había hecho y resolví seguir la marcha hasta el Alto de La Paz.

Mucho antes, cuando perdí a *Príncipe,* radio Amauta de La Paz llenaba el aire de alusiones a mi caso: "Esta joven e intrépida mujer argentina, proyectó un día superar el record de otros jinetes argentinos y para esto, con la cooperación de sus compatriotas, alistó dos hermosos caballos, con los que esperaba llegar hasta Ottawa, en una marcha de buena voluntad. Luego de trotar por los caminos que unen a la patria argentina con la nuestra llegó a La Paz. Era noche avanzada y oficiales de carabineros, atentos y gentiles, le ofrecieron alojamiento. Ella aceptó agradecida. Pero, antes que de sí misma, se preocupó de sus dos nobles amigos en la temeraria empresa. Dijo la caballista que deseaba dar de comer a sus animales y se le contestó que se encomendaba esa tarea a los caballerizos. Ella, experta en caballos y en estos ajetreos se resistió; empero la gentileza de jefes y oficiales de ese regimiento, rompió su obstinación. Al día siguiente, cuando, como de costumbre fué a ver a sus caballos, un grupo de curiosos rodeaba a uno de ellos que se retorcía con los dolores atroces de un cólico. No fué atendido el animal, ni oportuna ni eficientemente. El veterinario no supo curar al animal y éste murió a los pocos minutos. ¡Ana quedó anonadada! El más violento drama se pintaba en sus ojos desmesuradamente abiertos. ¡Cómo un animal tan sano, tan bello, un compañero que le había brindado hasta hacía pocas horas antes su fuerza, yacía muerto a sus pies, atenazado en el suelo! ¡Sí, muerto! No podía convencerse. Se acercó a la noble bestia. Le examinó los ojos. Le tomó el pulso. ¡Nada había ya que hacer! ¡Todo estaba concluído! Tales han debido ser el dolor y la angustia reflejada en su rostro, que las gentes que miraban el espectáculo de la muerte del caballo, quedaron silenciosas y mudas. Era grande el dolor de la animosa amazona que pretendía unir las Américas, en un andar esforzado y valiente. ¿Ahora, cómo seguir? ¿En qué? Sus ojos miraban a los jefes y oficiales, y éstos rehuían aquella mirada. Se sentían un poco culpables. Y en verdad había un solo culpable: el veterinario que no conocía su obligación. Si se hubiese informado a la señorita Beker con el debido tiempo, el noble amigo no habría muerto. ¿Pero qué hacer? Estaba escrito. Luego, la joven se dirigió a su embajador para que la ayudase; hace quince días de esto y el embajador no tiene respuesta. Ha buscado a las autoridades bolivianas en demanda de ayuda, ya que en parte, se podía atribuir responsabilidad a ellas, por la deficiencia del veterinario; tampoco se la atendió en ese sentido. ¿A quién le importa una mujer que quiere realizar una hazaña deportiva hasta ahora cumplida solamente por hombres y, aun así, nunca en la misma medida de la de Ana Beker?

"De todos modos, alguien tendrá que solucionar el problema de Ana Beker, la amazona moderna que quiere realizar una empresa estupenda a través de los caminos de las tres Américas. Ojalá pueda lograrlo si hay quienes quieran comprender su inquietud."

El diputado Tesler Reyes se presentó al Cónsul argentino ofreciendo una yegua para mí, en sustitución de *Churrito*. Era zaina, de catorce años. Con la donación y el pago de mis gastos en el sanatorio, se compensaban en parte mis perjuicios. No me satisfacía en absoluto una yegua para el género de trabajos de mi raid; tienen sus mañas, sus lunas de celo y cualidades poco convenientes. En total, entre desgracias, pleitos, demoras y percances permanecí en La Paz, primeramente un mes y luego veinticinco días más.

Pude recorrer a mi gusto la pintoresca y progresista ciudad fundada en 1548, antiguo centro de aprovisionamiento de zonas mineras cercanas al mar, y punto de salida de la coca con que se procuró al mitayo el paraíso artificial de su falsa alimentación. Hay allí reliquias coloniales como el templo de San Francisco, cuya fachada y cuyo interior son de granito tallado por los picapedreros indígenas, y otras joyas arquitectónicas como el palacio solariego de Villaverde con su escudo y su máxima española: "Esta espada quebrará, mas mi fe no faltará", o San Felipe Neri o Santa Bárbara o la basílica metropolitana. En casi todos estos edificios a pesar de ser coloniales, hay mucho del gusto indígena que recuerda la vieja civilización aborigen. Esto no excluye una edificación moderna con los últimos adelantos urbanos, como la moderna avenida El Prado, o esa novísima arteria de altos edificios de cemento, la del General Camacho, en pleno centro comercial, o el Palacio Legislativo y ciertos alardes monumentales, como la estatua del mariscal Sucre; y sin que esto excluya a su vez la conservación de las calles más típicas de característica colonial, simpáticamente viejas, angostas, con el empedrado picudo y escalerillas de piedra.

Como quiera que sea, no puedo tener en general, mal recuerdo de La Paz, pues se me despidió con todos los

Fiesta india en Guatemala.

honores, acompañándome una pequeña columna motorizada al son agudo de las sirenas. El señor Burgos, presidente de la Casa Argentina, tomó parte en esta despedida durante la cual se me exhortó para que, aunque la fatalidad me había hecho perder dos caballos, no me llevara mal recuerdo de Bolivia.

Poco después de dejar la gran ciudad me esperaba una zona de muchos ríos y charcos, donde los automóviles se atascaban y los caballos, aunque a duras penas, conseguían avanzar.

Continué con el caballo y la yegua —cada uno por su estilo no muy a mi gusto— y dejando atrás Pucarani y Huarina, llegué a Tiquina y al lago Titicaca. Habiendo ya pasado junto a otros lagos, como el Poopo, pude admirar con asombro y maravilla estas aguas, claras y tersas como esmeraldas, que no teniendo nada que reflejar en su cristal purísimo como los ríos y los lagos comunes, sino solamente el cielo y las nubes sobre su superficie, no ofrecen más que la tersura de su lámina quieta. Parece que existe una continua corriente de agua que entra al Titicaca y sale por el río Desaguadero, con lo cual se mantiene dulce el agua del lago. Se refiere que en el siglo XVIII, y en ocasión de una bajante de las aguas, asomaron sus cabezas estatuas de la antigua civilización y, que habiendo llevado los dueños de esas tierras tales estatuas a sus posesiones, se desencadenó una serie de desgracias; con lo cual aquellos señores, por razones de superstición, volvieron a sepultar las estatuas en el lago. No falta quien afirme que en el fondo está la fabulosa ciudad de Chiopata, que muchas veces nombran los estudiosos y exploradores.

No hay leyenda que no nos parezca aceptable cuando nos embelesamos con la mágica belleza de esta masa de agua suspendida y como engarzada en medio de las cumbres a las cuales parece imposible que el hombre pueda

llegar. Por ello no me sorprendió en la medida que fuera
dable el episodio que paso a narrar.

Yendo por una trocha próxima al lago advertí que alguien, seguramente un indio, seguía la dirección de mis
pasos, pero a distancia, saltando por las peñas. Al fin,
yo detuve los caballos y aquél me dió voces y se acercó
para hablarme. Era un anciano que podría tener ochenta
o cien años, o más, tan curtida y llena de arrugas tenía
su cara. Sólo lo acompañaba una llama de lana negra
y orejas blancas, sobre cuyo lomo pesaban unas pequeñas
alforjas. Me preguntó en castellano no muy castizo pero
inteligible, qué hacía yo —y por qué lo hacía y cómo
lo hacía— por aquellas soledades tan impropias de mi
persona, a juzgar por mi aspecto o indumentaria. Contesté como mejor pude al buen viejo, que me miraba
asombrado. Cuando dejó de hacer preguntas, me advirtió
que quería decirme algo más importante que cuanto pudieran haberme dicho en mi vida. No tenía ciertamente
ningún temor y me senté junto a él, para oír sus confi-
dencias. Afirmó que en el fondo del lago y en lugar de
él bien conocido se hallaban piezas de un valor incalculable, abundantes estatuas y objetos de oro macizo y de
plata, pertenecientes a las casas de unos reyes antiguos de
hacía miles de años. Que en la actualidad todo ello estaba
cubierto por el agua, pero él ya tenía estudiada la manera
de sacar muchos de aquellos objetos, por medio de unas
palancas de palo y unas sogas de lana de vicuña.

Aquello empezó a sonarme a fábula, pero de todos
modos le interrumpí:

—Tú y yo, sin más ayuda, no podremos sacar tales objetos del fondo del lago.

Me contestó con firmeza que él conocía perfectamente
el lugar más propicio y que con su sistema, dos personas como él y yo podíamos hacerlo. Consideraba también
que nadie era tan a propósito para transportar el tesoro
escondido como una mujer que disponía de dos caballos

poderosos e iba a viajar con ellos por el mundo entero. Mi cometido sería sacar los valiosos objetos y transportarlos hasta donde pudieran convertirse en abundante dinero. Yo había oído decir a gente bien informada que en excavaciones practicadas a orillas del lago habían aparecido joyas, ánforas, esculturas, índice todo de un gran florecimiento artístico de miles de años atrás. Y aunque seguía creyendo que todo era pura ilusión del viejo indio fantaseador, el ambiente de los grandiosos paisajes solitarios, la poesía de las montañas rojas y violetas, la belleza encantada de los lagos, predisponían a imaginar realidad lo misterioso.

Nada costaba asentir a los proyectos del viejo indio. Seguramente no iba a producirse aquella "pesca milagrosa", y si se realizaba lo novelesco yo daría cuenta a la autoridad más cercana para saber qué derechos había a esta clase de hallazgos y quiénes podían hacerlos valer.

Y como después de todo, el episodio no era sino un lance más en el largo camino, consentí en presenciar las manipulaciones del viejo. Ello me haría retrasar unas horas, para esperar la noche que por cierto se presentó radiante y reflejándose la luz de la luna en las piedras y en el lago, como si todo fuera una masa de azogue con brillo de otro mundo. Cuando íbamos a emprender nuestra faena, el indio exclamó, con grandes aspavientos, que había visto cruzar la sombra de uno de los genios maléficos del lago, uno de los más crueles enemigos de los buscadores de tesoros y que debíamos suspender por una semana la realización de nuestro propósito. Como se puede suponer, yo no estaba dispuesta a esperar ni una noche más, por lo que creí prudente decirle:

—Tengo que pasar al Perú, pero dentro de una semana vendré con los caballos y sacaremos todo lo que podamos.

—¿Por qué no trae un par de caballos más? —me ad-

virtió—, pues posiblemente sea mucho lo que hay que
llevar.

El plan del hombre era, más o menos, que con el por-
tentoso producto de lo que yo llevase a los países de
gente muy rica y rubia, se hiciesen dos partes. Con la
suya compraría terrenos en algún fértil valle y terminaría
sus días en la más grande opulencia.

No le dije que esto fuera imposible, ya que nada ade-
lantaba con ello, ni siquiera quise preguntarme si men-
tía o no. Mi preocupación era el viaje, y me apresuré a
cruzar el lago Titicaca por su parte más estrecha, en la
gran canoa a vela de un barquero que me permitió embarcar los caballos. El lago, por la parte a que me refiero, se atraviesa muy rápidamente, mientras que a lo
largo se necesita para recorrerlo toda una noche en un
barco de pasajeros. Pero yo me había propuesto que durante el raid, mis caballos recorrieran la cantidad mínima
e indispensable de trayecto transportados por barco u
otros medios. Lo contrario era, en mi opinión, una manera de desnaturalizar mi propósito inicial la misma empresa que había iniciado en Buenos Aires.

Antes de llegar al Perú, recordé el aliento que me in-
fundieron los bolivianos y, en especial, los periodistas de
aquel país que acababa de cruzar. "Última Hora", "El
Diario" otros periódicos insertaban artículos elogiosos para
mi persona. En ocasión de anunciar mi partida hacia el
santuario de Copacabana, mi excursión al admirable templo colonial, construído por el conde de Lemos, Virrey
del Perú, y centro famoso de peregrinaciones se escribía:
"La misión que ha cumplido en La Paz Ana Beker tiene
todas las proyecciones de una gran cruzada deportiva
y social, cuyos frutos podrán verse en un futuro no muy
lejano. Sobre todo, en lo que al deporte concierne, creemos que el ejemplo de Anita puede tener imitadoras en
alguna de nuestras animosas como valientes muchachas."

CAPÍTULO XI

LOS CÓNDORES Y EL CUZCO

En seguida llegué a la otra orilla y desde allí, según mi norma, traté de cortar terreno, pues el dilema era avanzar por caminos fáciles dando un enorme rodeo o echar por los senderos de indios, monte traviesa. Opté por esto último. Pero los senderos de indios apenas merecían llamarse así, porque realmente no eran para personas; y menos aún para el paso de los caballos. Éstos se apunaban cada vez más, y con frecuencia caían de rodillas como si ya no fuesen a recuperar el aliento. Como a unos quince kilómetros del Titicaca la yegua resbaló en una pendiente muy empinada y bajó dando vueltas, monte abajo —y yo con ella— hasta que unas piedras de buen tamaño nos sirvieron de parachoques. Yo estaba magullada por todas partes, y temí que la yegua se hubiera inutilizado. Entre tanto *Luchador*, lleno de susto, emprendió una carrera que bien podía terminar con otro resbalón irreparable. La yegua —que se llamaba *Pobre India*— se levantó, por suerte, sin trastornos graves, y me vi en la tarea de recuperar a las dos bestias haciendo equilibrios por la pendiente y tratando de rodearlas poco a poco. Lo conseguí al cabo de más de una hora y monté en *Pobre India*, pues no podía hacerlo en *Luchador* porque la yegua cabestreaba mal, es decir, no servía de carguera.

Maltrecha, una vez más, pero siempre animosa, pasé por Copacabana, donde se me hizo un buen recibimiento, y el jefe de la frontera policial, capitán Ciro Montaño, escribió en mi cuaderno de ruta: "Deseo a la valerosa raidista argentina Ana Beker, toda clase de éxitos en su incomparable empresa deportiva, y ojalá lleve para su país y para todos los deportistas del continente, los laureles cosecha-

dos en esta proeza deportiva, que es la primera en su
género, en el mundo. Buena suerte y que Dios la acom-
pañe."

Y en el último puesto boliviano, el retén Kasani, vi on-
dear por vez postrera en mi viaje los colores rojo, amarillo y verde de la bandera boliviana. Era el 14 de marzo
de 1951. Pusimos pie en el Perú. Los trámites aduaneros
apenas existen, ya que los peruanos y los bolivianos consideran a un ciudadano argentino como uno de su propio
país.

Antes de anotar mis impresiones sobre el Perú, quiero
hacer balance de recuerdos, de mis largas marchas por
Bolivia. La naturaleza había sido hostil y cruel conmigo,
pero ni ella ni nadie es culpable de que yo me aventurase
de la manera que lo hice por sus desiertos. Ciénagas y fangales que entorpecen el paso y dan la impresión de que
nunca se va a salir de la turbia trampa de sus charcos;
pendientes de cordillera y de riscos que hacen arrastrarse
más que andar a los caballos y a las personas; valles o lla-
nos de piedra que martiriza la marcha y no se acaba nunca; caminos de cornisa con peligro de caer al despeñadero,
soledad infinita pero grandiosa, verdaderamente majes-
tuosa, del altiplano, belleza indescriptible, hospitalidad
ingenua pero salvadora de los indios aymará, que es lo
más característico de la raza. Pueblos de chozas como ol-
vidadas del resto de los hombres, arquitectura colonial;
espíritu moderno e industrial, en los centros más urba-
nizados, y cortesía boliviana en las ciudades y los pueblos,
que nada tiene que ver con mis percances y vicisitudes;
fiestas indígenas, difíciles de olvidar, con toda la fuerza típica del folklore bajo el son melancólico de los charangos
y las quenas, y los frenéticos carnavales y diabladas en
que aparecen las vestimentas y los ornatos de más capri-
chosa creación.

Allí, en aquella tierra de los paisajes que se nos meten
en el alma, dejé mis dos compañeros queridos, como si

hubiera dejado pedazos de mi cuerpo. *Príncipe* y *Churrito* quedan en la tierra boliviana, yo sigo sin ellos pero no los olvidaré nunca, y tampoco olvidaré los caminos duros pero admirables de ese país.

En el primer puesto peruano adornaron mi libro de ruta con una cinta que ostentaba los colores nacionales rojo y blanco.

Mis primeros contactos con la población indígena de aquel hermoso país, donde tantas cosas admiraría después, fueron poco gratos. Sin duda me tocó conocer en un principio los pueblitos más míseros en los cuales hasta llegué a ver el espectáculo desagradable que ofrecían algunos indígenas quitándose unos a otros los parásitos para comérselos. En los ranchos de palo y paja vivían estos seres una existencia primitiva aunque dotada de cierta organización, pues los de cada aldea obedecían a un indio principal. Con él estaba obligado a entenderse el viajero de extraño caminar que, como yo, llegara allí, ya fuera de día, ya fuera de noche.

Me he referido a mi primer contacto poco grato con aquella gente, porque sucedió que habiendo permitido que mis caballos paciesen al borde de un camino, una india dirigióse de pronto hacia ellos mientras me hacía señas con las cuales quería significar que los animales no debían comer de aquel pasto. Me lo dijo en quichua primero, y luego en mal español. Yo, como se puede suponer, no le hice caso. Entonces, rabiosa y lanzando interjecciones, que debían ser injurias, se empleó en un semicómico ejercicio. Todo lo a prisa que podía le arrancaba a los caballos la hierba de los hocicos, pero los animales, con el hambre que los caracterizaba en ocasiones así, comían con tal avidez que la entrometida no alcanzaba a evitarlo. Yo me reía contemplándola. Aumentó entonces el furor de la mujer, y agarrando un palo quiso golpear a las bestias. *Luchador*, el de pelo blanco, soltó dos pares de coces y por poco vuela la terca cabeza de la

india. Creyendo que yo era enemigo más fácil de batir
avanzó hacia mí con la estaca en alto. Empuñé y levanté
entonces el rebenque. Era necesario asustarla y ahuyen-
tarla, por lo cual le dije que llevaría las de perder si
peleaba conmigo. Rápidamente se agachó para agarrar
una piedra, y pronto me silbaba ésta cerca de la frente.
Siguió avanzando con el palo. Yo exclamé en buen criollo: "Si querés pelear, venite. Tengo el rebenque y también una bala de revólver para vos." Cambió la actitud
de la mujer y girando sobre sí corrió, todo lo que le permitieron sus piernas, hacia no sabía dónde.

Estaba tranquila mirando pacer al caballo y la yegua,
cuando gritos ensordecedores me hicieron levantar la vista. Vi a lo lejos como cuarenta o cincuenta personas, hombres, mujeres y niños, que corrían vociferando hacia mí.
Pronto caía una lluvia de piedras cerca de donde estábamos los animales y yo. Una de las piedras me golpeó fuertemente en una rodilla hasta el punto de que por un rato
no pude doblarla. A la yegua la alcanzaron dos pedruscos
gordos en la cabeza y la vi doblar las patas delanteras,
aunque se irguió en seguida. El peligro aconsejaba no
perder tiempo alguno. Monté de un salto, en pelo como
se hallaba, sobre *Luchador*, después de sacar el revólver
de la bolsa. Galopando hacia los indios disparé dos tiros
al aire. El efecto de las detonaciones fué el que yo esperaba, y toda aquella gente se dispersó corriendo cada
cual como alma que lleva el diablo.

No les guardé rencor por ello a los indígenas, pues
como se verá más adelante, también tuve de ellos muchos
beneficios. Me encantaba encontrar a mi paso algún indiecito con su cara redonda y lustrosa como una moneda
de cobre, su sombrero circular y su ponchito raído, teniendo del ramal un "paco", uno de esos animales tan graciosos, de la familia de las llamas y un producto típico
del Perú. En el tiempo en que están cubiertos de su mayor ropaje de lana, ésta casi les tapa los ojos y les cae des-

de el lomo por todo el cuerpo igual que un extenso manto. Es otra variedad, con la alpaca y la vicuña, de los auquénidos peruanos.

Mi llegada al Cuzco, mejor dicho mi corta permanencia en él, fué inolvidable. El pasto "ichu" abunda en las altiplanicies y tierras elevadas entre los contrafuertes montañosos, pero es más a propósito para las ovejas.

Me refiero especialmente a la capital, pues nunca se borrará de mi memoria esa ciudad de los Amautas y de los Incas, con los gigantescos nevados de Salkantay y Ausangati, presidiendo en la lejanía el más formidable de los horizontes.

Tuve ocasión de admirar, entre otras riquezas arqueológicas, las formidables ruinas de las construcciones levantadas por la antigua civilización incaica. Mucho se ha hablado siempre de la belleza de estas ruinas, pero sólo es posible sentirla plenamente cuando se la contempla con los propios ojos. Me acerqué hasta los restos de la ciudad incaica de Machupichu, enclavada entre los picachos de la cordillera en el paisaje más terriblemente agreste y cerca de las nubes que se enredan en las cimas, como si estuviéramos sobre todas las otras realidades del mundo. Machupichu quiere decir "Picacho viejo", y ubicada como está en el cañón llamado del Urubamba, pocos lugares en América y en el mundo tendrán su grandiosidad. Nos asombra pensar que se haya podido construir de este modo en el altísimo cerro, y se ve que los aborígenes tuvieron que empezar por las escalinatas de miles de peldaños tallados en la roca viva y todo el sistema de escalones, terrazas y pasajes que al parecer comunicaban los templos, casas, palacios y los sepulcros. El monumento llamado el Torreón, sobre una enorme roca, que se destaca imponente, me impresionó más que el resto de las ruinas.

Visité también, junto al río Vilcanota, las piedras o

ruinas de Pisac y las de Tampumachay, que se dice corresponden a la residencia de descanso del Inca.

De todo esto se puede decir que es el reino de la
piedra. Por ello nos comunica esa impresión de firmeza
y de eternidad: piedra en los torreones, en los observa-
torios, en los ángulos inmensos de cada fortaleza; piedras,
algunas de más altura que la de cinco o seis hombres.
Piedras ensambladas, piedras en pie, bloques gigantescos,
como las ruinas de Ollantaytambo, como todos los muros
incaicos, cuyas trazazones de piedras geométricas y pulidas
hacen pensar en el trabajo inmenso que han significado
y nos dan la idea de lo inexpugnable. Por un largo rato
contemplé la piedra de los doce ángulos, en la calle cuz-
queña de Hatunrumioc, que pasa por ser uno de los monumentos más antiguos y más singulares del antiguo Perú.
Toda la técnica inexplicable de los incas se muestra
en esta piedra encastrada en una casa actual, que fué en
tiempos pasados el palacio del mismo nombre de la calle
que hemos dicho. También estuve un buen rato ante el
ciro y los muros, de las ruinas de Kenko.

El Cuzco ofrece, asimismo, inestimables muestras del
arte colonial. Por algo se la llamó la capital arqueoló-
gica de Sudamérica. Aunque nada tengo que ver con la
arqueología, ni llevo ningún libro de apuntes eruditos,
no pude ya apartar de mi mente la visión de monumentos
coloniales como el de la Catedral o el Convento de la
Merced. Con toda justicia se ha llamado a ésta la ciudad
de los templos. Son dignos de mencionarse: San Sebastián,
hermoso alarde virreinal; San Francisco, San Pedro, San
Blas, Santa Teresa, etc. A la iglesia de San Blas se va
por una calle tradicional llamada del Triunfo, una de
las más típicas de Sudamérica.

Esta ciudad tiene, indudablemente, algo que nos haría
reconocer en ella su condición de sede imperial de las
montañas. Se adivina que aquí, en estos vallecitos apreta-
dos entre las cumbres, en el lugar de estas ruinas, se asentó

una civilización milenaria. También se ve, dormida en las calles coloniales y en el trazo de las iglesias, la férula del primer comando general de aquellos homéricos conquistadores.

Sin embargo, con ser todo esto tan maravilloso, lo que más seduce a mi espíritu, es la visión de la cordillera en toda su arquitectura dislocada e inimitable. Un cerro que se alza queriendo arañar el propio firmamento, rodeado de las mil formas de las escuadras de las rocas, gravita más que obra alguna humana, sobre mis emociones.

Cerca del Cuzco y en pleno campo divisé un gran tropel de jinetes, y a medida que se acercaban se distinguía en el porte de muchos de ellos, al hombre de a caballo, bien compuesto y montado, sin nada de semejanza con el indígena. También venían algunos indígenas pero de una apostura distinta a la que yo conocía.

Me asusté algo en el primer momento, temiendo que viniesen en mi seguimiento por alguna denuncia o embuste. Pero cuando llegaron oí que me saludaban con vítores de entusiasmo y me dispensaban el mejor recibimiento.

Escoltándome todos, me llevaron a la gran estancia del señor Abel Pacheco. Fué el gentil y buen caballero quien dirigió los agasajos de la gente de la estancia y sus amigos, después de haberme recibido personalmente cuando dejé atrás el Cuzco. Una vez en la estancia, me atendió de modo inolvidable la señora Elena González, amiga del patrón, y mi permanencia en aquellos pagos —en la hacienda, hablando en peruano— fué una de las etapas amables de mi viaje. Hacía tiempo que no había visto jinetes camperos ejercitados en la monta y los pude ver aquí, aunque no con la dedicación, abundancia y maestría de los gauchos de mi tierra.

El contraste fué más brusco cuando, poco después, me encontraba en lo más abrupto y montañoso, sin caminos y ante la visión terrible y repetida de los picos y tajos del paisaje cordillerano.

En una de estas jornadas ocurrió algo impresionante, que nunca se apartará de mi memoria. Fué en uno de mis altos solitarios, durante los cuales contemplaba con toda la emoción que inspiraba su imponente grandiosidad, los vértices y precipicios de la cadena montañosa. Yo había visto volar y posarse en las crestas no pocos cóndores, con la majestad de sus alas y sus movimientos. Realmente cuando se observa a uno de ellos sobre un pico destacándose como vigía en la luz del cielo, da la impresión de ser el rey de la cordillera.

Yo estaba sentada con los pies en la cornisa de un piso muy estrecho, con forma de caracol, y los caballos unos metros más allá, cuidadosos también de su propio equilibrio, pues en terreno así no hay que olvidar el riesgo que se corre, de caer en el precipicio, si se resbala inadvertidamente.

Luchador se había apartado un poco más, buscando ciertos y muy escasos yuyos, bien duros de comer, que brotaban entre algunas piedras. De pronto, vi que un cóndor de gran tamaño pasaba volando con mucha rapidez, semejante a un avión en picada, rozando a *Luchador*. En seguida pasó otro, y tres o cuatro más. Describían un círculo majestuoso en el aire y volvían a pasar sobre el caballo. Éste se mostraba verdaderamente inquieto. Una de las grandes aves al pasar dió un tremendo aletazo al caballo, otra hizo lo propio, con tanto susto mío como sobresalto de *Luchador*, y comenzaron los cóndores a golpear a derecha e izquierda a mi cabalgadura con las enormes alas. Me di cuenta entonces en un momento de lo que querían. Trataban de hacer perder el equilibrio al caballo para que le faltase su firmeza en la senda y rodara por los tramos montañosos al abismo. Llegué justamente adonde estaba *Luchador* con el tiempo preciso para sujetarlo del cabezal y evitar que en uno de los traspiés que

ya daba en plena desorientación se despeñara al precipicio.

Ante mi intervención, los cóndores se remontaron a
mayor altura, pero en seguida, a pesar de mi presencia,
volvieron a la carga. Se les veía como enfurecidos por
lograr su propósito. Fué una verdadera lucha, porque el
caballo iba aterrorizándose por momentos. Yo gritaba a
los pajarracos y hacía grandes ademanes con los brazos
en aspa para espantarlos. Se alejaron un poco, y entonces
até el ramal del caballo a una piedra pesada y fuí adonde
tenía el bagaje. Con el revólver hice tres o cuatro disparos, y los estampidos pusieron a las grandes aves de rapiña a suficiente distancia, lo que me permitió trasladar
a los caballos a un abrigo más seguro y más espacioso.

Fué aquel lance uno de los mayores sustos de mi raid.
Las aves de rapiña tardaron todavía en desaparecer, y lo
hicieron al fin en vista de que ya no podían lograr su
propósito.

Desconocía esta manera de atacar de los cóndores a las
que pueden ser sus presas, pero más tarde me informé
de que, en efecto, proceden así sobre todo con borricos y
mulas, o caballejos semiabandonados por achaques propios
de la edad. Fácilmente, si se hallan en los parajes muy
escarpados y abruptos, los hacen rodar de la manera que
hemos dicho. Despeñados y muertos, acuden todos a ce-
barse en sus cuerpos, hasta dejar los huesos mondados de
carroña. Yo misma vi luego, cerca de Abancay, en una
de las pendientes, una vieja mula flaca y maltratada,
que seguramente se había extraviado de una recua de algunos arrieros, y que fué presa de los cóndores del modo
que cuento. La derribaron y conforme iba despeñándose,
la golpeaban con las alas. Me asomé a la angostura donde
el animal quedó reventado y vi a los cóndores desgarrarlo
y picotearlo con furia. Sin saber de dónde venían, pues
hasta ese instante no advertí su vuelo, decenas de buitres aparecieron y revolotearon sobre el lugar de la carni-

cería. Cuando los cóndores se levantaban los sustituían los buitres. Hasta dar buena cuenta de la mula.

A la salida de Abancay, una baja de enormes precipicios puso en peligro inminente a mis caballos. Era en plena cordillera y todo el horizonte en torno ofrecíase imponente y abrumador. No podía ir montada sino a pie, llevando de la brida a los animales, y por eso tenía que evitar el peligro de que resbalaran sobre mí. Lo que ocurrió, como iba temiendo, con la yegua, la cual me arrolló sin que yo tuviese tiempo de incorporarme. Al intentar ponerme en pie y sentir grandes dolores en una pierna, pensé que sufriría fractura de ella y que se interrumpiría mi viaje, hasta donde Dios supiera cuándo. Pero afortunadamente al continuar la marcha y entrar en calor los miembros, se fueron disipando mis temores.

En etapas de Abancay a San Gabriel, de San Gabriel a la hacienda Pampatama, cincuenta y dos kilómetros más allá y de allí a Challahuanca, cincuenta y cinco kilómetros después, me encontraba camino de Promesa y atravesando uno de los recorridos más trabajosos en el que hube de pasar por el llamado derrumbadero de camiones, camino habilitado para vehículos de motor, pero de trazo tan peligroso que cada vez era más nutrida la estadística de accidentes.

En la región de Pampamarca, pernocté en una choza de indios a cuatro mil cien metros de altura, y el jefe de los indígenas movilizó a todos sus súbditos para que reuniesen comida y reparasen las fuerzas de mis caballos. Tanta solicitud hacia ellos y tantos elogios de las dos bestias me tenían agradablemente sorprendida, pero pronto supe la causa. El jefe estaba empeñado en que yo le cambiase una de mis bestias, la que llevaba la carga, por cuatro o cinco de las llamas que poseía. Afirmaba que repartiendo mi equipaje sobre los lomos de ellas y montando en mi yegua flamante podría seguir el viaje a través de la montaña sin dificultades. Me esforcé en convencerlo de que sus animales no me servían para nada en los muy variados terrenos que había yo de atravesar, y que, por otra parte, el caballo tampoco le sería útil a él para manejarse en los pasos y los vericuetos de la cordillera. Por fin tuve que negarme en redondo y demostrarle lo poco tranquilizador que hubiera sido para él el uso de mi caballo. En su presencia simulé tomarle la pata como si lo fuera a herrar, y el jefe vió las patadas y mordiscos que trataba de propinar a diestro y siniestro. Le expliqué cómo para ponerle las herraduras era necesario derribarlo en tierra entre varios hombres. También, como ya tenía bien amaestrado a *Luchador* le señalé el poncho del cacique y se lo arrancó de una tarascada con los dientes. No hubo más insistencia para el trueque y continué el recorrido de otra etapa, cuya meta era el arribo a Puquio, con lo que desde Abancay cubría trescientos cuatro kilómetros.

Entre Promesa y el punto citado, el trayecto se extiende por una sección continua del altiplano desértico que presenta la peor de las características: no hay pasto para los caballos. Toda esta sección continua se halla a más de cuatro mil metros sobre el nivel del mar. De todas maneras, tenía que buscar comida para mis compañeros —mi cuidado obsesionante— y dar los rodeos que se presentaran por la senda montañosa para buscarles algo que agarrar con los dientes, cuando en el camino no la obtuviese de la gente de las aldeas.

Veía los picos y el diseño más alto de la cordillera cubiertos de nieve, y pronto el suelo por donde transitábamos fué cubierto por una espesa capa de aquélla. Uno de esos días nevó toda la jornada y al caer la noche seguía cayendo nieve. Los copos iban cayendo pesadamente y espesaban nuestro camino. No se encontraba ninguna pequeña aldea y, según mi itinerario, no estaba en las proximidades de ningún pueblo de alguna importancia. Cerró la noche terrible y solitaria de la cordillera.

Parecía como si se hubiese despoblado el mundo. Los caballos podían morirse de frío. Casi a tientas encontré un pequeño entrante o gruta entre las rocas y me senté allí después de cubrir con las mantas a los animales. Fué una de las peores noches de mi aventura. Tuve mucho miedo, un miedo que me helaba la sangre y me hacía sentir como una criatura abandonada a los genios del mal. Creí que la nieve podía taparnos y amortajarnos allí a los tres. Comprendí que no exageraban los que de continuo me advertían acerca de los riesgos de aquellos parajes hostiles. Esta vez mi miedo no se disipó ni siquiera cuando, antes de despuntar la aurora, pálida y gris, logré ensillar con esfuerzos temblorosos y con los dedos entumecidos y montar venciendo los dolores de los miembros agarrotados por la baja temperatura. El frío, uno de los grandes enemigos de los viajes en descampado, clavaba en mí su garra. Verdad es que en un balance de mi viaje total, tendría luego que recordar muchas más jornadas bajo el calor tórrido y el sol implacable, pero no por eso las jornadas de frío intenso serían menos crueles.

Cada vez el desierto era más desierto, aunque no faltara, aquí y allá, la compensación de algunos ranchitos, donde los indígenas me ofrecían, encareciéndome sus bondades, el pisco, su bebida alcohólica para entrar en calor. Sin ello, me decían todos, acabaría viendo metido en mi sangre y en mis huesos el frío para siempre. En parte no carecían de razón y muchas veces tuve que entonarme con grandes tragos de aquella ardiente bebida.

En Negro Mayo, a cuatro mil trescientos metros, la temperatura descendía haciéndose intolerable. Las manos se me ponían rígidas, los pies bien podían pertenecer a otra persona, y todo el rostro se me endurecía y agrietaba. Los animales iban erizados y era peligrosísimo detenerlos en descampado con aquella temperatura. Imposible hacer un poco de fuego para calentarse, pues no

Con Libertad Lamarque en México.

Desfiladero en Honduras.

existía madera y no se encontraban ramas de árboles a la mano para hacerlo.

Después de estas jornadas que cuento, el frío aminoró por ser menos altos los caminos que recorría y pude celebrar que ni los animales ni yo hubiéramos sido víctimas de una pulmonía o de un daño más grave.

La región se presentaba cada vez más desértica. Eran leguas prácticamente deshabitadas, lo cual me obligaba a apresurar el paso todo lo posible, para no tener que pernoctar constantemente en lugares tan escasos de recursos. Desde la mañana a la noche, desde las siete de la mañana hasta bien entrada la oscuridad nocturna, marchaba sin parar y al trote, como si huyese de una persecución. En realidad, me perseguía el hambre que amenazaba también a las dos bestias. No es fácil imaginar hasta qué punto constituye una obsesión y hasta pesadilla en un raid como el que realizaba, la manutención de los caballos. Se sueña con pilas de fardos de pasto, con alfalfares de gran extensión, con bolsas de cebada... Es como un combustible que se necesita incesantemente para seguir y que escasea o falta en absoluto en muchas jornadas; como si en un itinerario de miles y miles de kilómetros un automovilista encontrase a menudo trayectos larguísimos sin puestos para renovar la nafta. La mía era una nafta que necesitaba cada doce horas imprescindiblemente. No quisiera para nadie lo que yo he sufrido viendo a veces a los pobres caballos acosados por el hambre. Viéndolos agotados y queriendo echarse en tierra, sin fuerzas para seguir llevándome en su lomo y el otro transportando el equipaje. Los he visto morder desesperadamente un tronco de árbol, agarrar con los dientes cualquier cosa verde o pajiza que asomase entre las piedras. Los he visto comer su propia bosta, y como avergonzándose de tal extremo, me miraban antes de llegar a ella: era una mirada indefinible, como de disculpa y desesperación. En general, los apartaba de su propósito con mi rebenque, pero en algunas ocasiones tenía que dejarlos hacer.

Y a lo largo de las andanzas, los animales tuvieron que comer en días realmente pésimos, las cosas más variadas desde raíces, chala, algarrobo, bananas, como única alimentación durante muchos días helados... Pero no adelantemos los acontecimientos, pues falta mucho para llegar adonde pudieron regalarse con los frutos mencionados en último término.

CAPÍTULO XII

EL PERÚ LEGENDARIO

En aquella extensión deshabitada me encontré con unos visitantes de los vallecitos desiertos. Eran peruanos que se dedicaban a la caza de la vicuña. Son conocidos la utilidad y el valor de la lana de estos animales con la que se confeccionan muchas prendas, y en particular esos ponchos tejidos por la mejor artesanía del país, de vistosos y bien combinados colores. Pero tal vez no sepa el lector que la caza de tales vicuñas estaba prohibida allí, en la época a que me refiero, bajo penas de severas sanciones.

No obstante, no faltaban cazadores furtivos que se arriesgaban, hallando mayor incentivo en la caza prohibida, ya que ésta valoriza el producto. Llevaban unos perros bien adiestrados y dotados de un particular olfato, que luego de asediar a las vicuñas las llevaban hasta donde estaban los hombres armados de escopetas.

Estos cazadores se sorprendieron mucho al verme, y como no les convenía la presencia de testigos, se mostraron en un principio muy recelosos. Mi aspecto no parecía infundirles confianza. Mi condición de mujer los sumía en mayor perplejidad aún.

Me rodearon con las escopetas bien visibles y me preguntaron si tenía algo que ver con el gobierno, con la guardia civil, con la autoridad, o algo por el estilo.

Yo cometí el error de creer oportuno mencionar algo oficial:

—Sí; el gobierno en cierto modo, conoce y autoriza...

Me refería al conocimiento de mi viaje por parte del gobierno argentino, pero a ellos les hizo poquísima gracia mi contestación.

—¿Señoritas con caballos y pantalones, usan ahora para indagar por las alturas?

—No se trata de indagar...

Uno de los cazadores aclaró:

—¿Y qué va a indagar? No puede probarnos que hayamos matado una sola pieza.

—He oído unos disparos, eso sí.

El más decidido se encaró conmigo:

—Pues vas a jurarnos que no has oído ni has visto nada, pues de otro modo el plomo será para ti. ¿Me entiendes?

Y me puso los caños de la escopeta en el pecho.

Exclamé:

—Nada me interesa lo que hagan, ni lo que se ha visto ni oído: yo soy argentina.

Retiró entonces el arma.

—Como hablaba de gobierno...

—Argentino, hombre, argentino.

—Eso es otra cosa, qué raro...

Y les expliqué, repitiendo lo que iba siendo un estribillo, los propósitos y naturaleza de mi viaje.

No comprendieron muy bien, pero acabaron convenciéndose de que yo no era persona que pudiera comprometerlos. Entonces celebraron mi extraña llegada y hasta me invitaron a disparar algún tiro cuando estuviera a la vista una de las piezas rodeadas por los perros. Tuve ocasión de descargar el arma que me ofrecían sobre una de las vicuñas, pero lo hice errando el tiro deliberadamente, para evitar así cometer una infracción penada por la ley.

Al montar para despedirme, me conminaron a responder si daría cuenta de sus actividades cuando me encontrase con representantes de la autoridad. Les dije que tardaría en hacerlo, y picando espuelas y saliendo al trote les grité:

—Si no me preguntan, haré como dicen. Si me preguntan, tendré que contestar.

Uno de los cazadores, indignado, se echó la escopeta a la cara. Pero otro que estaba cerca, le impidió hacer fuego, si es que realmente iba a hacerlo, y me alejé sin volver más la cara.

Después, durante unos días, sólo encontré en mi camino aldeas de indígenas. En realidad, en la etapa peruana de mi viaje, tuve muchas ocasiones de tratar con los indios. Son los restos raciales de aquella esplendorosa civilización de los Incas y de la mezcla de éstos con los pueblos andinos que dominaron. Desde que Manco Capac, el Hijo del Sol, con su esposa y hermana Mama Ocllo, dominaron con su imperio por estas tierras, han pasado muchos siglos, muchísimos, según se dice, aunque no los bastantes para que esta gente haya perdido por completo las características de una raza definida. Algunos caciques se sienten en sus aldeas tan importantes como el antiguo curaca de una nación, o como los propios Pachacutec, Tupac Yupanqui o Huayna Capac, los Incas poderosos y memorables.

De los actuales —pacíficos, pobres y bastante menos poderosos— puedo decir que realmente me ayudaron en el transcurso de mis jornadas más penosas, tanto a mí como a los caballos. También me fueron útiles proporcionándome remedios de los que están provistos en abundancia. Remedios que pudiéramos llamar primitivos o "caseros" pero que en muchos casos son de suma eficacia. He visto usar con frecuencia sus variadas medicinas: el polvo de betún con grasa sobre las úlceras, para cerrarlas; la tierra llamada *millu*, o sulfato de hierro natural, para los granos purulentos; la *tacu* para cortar la disentería. También la *copaquira* o piedra azulada transparente, para desinfectar las llagas; la *coravari*, es una piedra verde pulverizada, que se ha seguido usando contra los parásitos y que en forma muy diluída la usan en los ojos para aclarar y suprimir el excesivo lagrimeo. Yo misma me tuve que valer en ocasiones de los remedios proporcionados por los indios, y recuerdo, por ejemplo, una violenta inflamación de la garganta que desapareció haciendo gargarismos con el jugo de unas hojas de la llamada quina o payco. El curandero me hizo sentar en el suelo, frente a él, e ingerir el jugo mientras me miraba.

Yo no he tenido nunca verdaderos prejuicios contra esta clase de remedios, pues habiéndome criado en el campo he podido comprobar la ineficacia de los mismos en el tratamiento de enfermedades, tanto de las personas como de los animales: para curar a éstos se debió recurrir, finalmente, a médicos o veterinarios, según el caso.

Pude observar de cerca un gran número de variedades de medicamentos, porque me acompañó durante casi dos jornadas, como guía y camarada espontáneo, un curandero ambulante de los más típicos de aquellas regiones. Son hombres que montados en una mulita, y más generalmente a pie, recorren extensiones inmensas y algunas veces llegan a otros países. No tuve inconveniente en aceptarlo como guía, pues siempre estaba yo necesitada de ellos; tuve en cuenta además el aspecto inofensivo de aquel médico trashumante de la cordillera. Inofensivo, es de suponer aunque se usaran la mayor parte de los remedios de sus alforjas. No tendría más de cuarenta años, pero arrugas infinitas surcaban su rostro y sus manos de barro cocido. De su cuello colgaban medallas, cruces y amuletos.

En un alto para dar descanso y agua a las bestias me mostró infinidad de especies de hierbas curativas. El carbincho para los intestinos, la silla para evacuar la bilis, el itapalo para la retención de orina y el aratuk que cura la puntada en el costado; la papayulla, úlceras y tumores; el mangapaquí, reumatismo, etc. Y no eran sólo del reino vegetal sus pequeños talismanes. Recuerdo un insecto con manchas negras y rojas del que se obtiene un polvo que cura las úlceras; también otros bicharracos, ciuréticos, calmantes, provistos de propiedades sin fin. Nada digamos de las pieles de sapo, grasa de quincho, e infinidad de cosas semejantes.

Se queda uno un poco perplejo cuando oye decir al curandero que el caldo hecho con carne del pequeño buitre, gallinazo, puede devolver el juicio a los enfermos mentales; que con un pedazo de ala de cóndor sobre el vientre de una mujer que va a dar a luz se facilita el alumbramiento; o que la carne del pájaro mosca, pulverizada, cura la epilepsia...

En general, sólo me interesaban por curiosidad los informes de mi acompañante acerca de remedios y fórmulas milagrosas, en cuya materia era una verdadera enciclopedia. No me abandonaba, sin embargo, el temor de contraer el paludismo, pues se me habían hecho no pocas advertencias al respecto. No ignoraba —y quién puede ignorarlo— la eficacia de la quina en el tratamiento del paludismo, pero el curandero me dijo que tanto o más eficaz es el jugo viscoso de la tuna y de un cacto que me nombró, así como otros vegetales que él me podía proporcionar, esencialmente antipalúdicos.

En una aldehuela vi actuar a mi espontáneo amigo. Preguntó a unos muchachos que cuidaban llamas si había algún enfermo por allí. Al parecer era ésta una pregunta que formulaba invariablemente en estos casos. Le indicaron que había una enferma grave, postrada en cama, y después de cerciorarse de la casa en que aquélla vivía, se hizo presente pero sin ofrecer sus servicios. Esperaba a que le rogaran, y así lo hicieron. Como lo creía desinteresado me sorprendí al comprobar cómo discutía pacientemente y sin dar su brazo a torcer, el precio en especie de la curación. Hizo numerosas preguntas en quichua, que yo no entendí, a la paciente; después dejó caer unas hojas de coca sobre el pecho y el vientre de ella y estudió muy atentamente la posición de dichas hojas al caer en el piso. En seguida salió de la choza y estuvo mirando fijamente el cielo, y luego de pronunciar unas palabras que ni siquiera los indios entendían, dijo a los familiares que la enferma estaba embrujada y su enfermedad escondida en un pequeño animal que él sabría descubrir. Se alejó un poco de la choza, y también de la aldea, y después de dar varias vueltas alrededor de un lugar lo señaló en forma precisa y pidió que hicieran una excavación en él. Todos vieron aparecer un sapo, que se hallaba enterrado, y bien sujeto con ligaduras. Cuando lo desató, el animal, que estaba inmóvil y como muerto, tardó en moverse, pero al cabo de un buen rato lo hizo y luego empezó a alejarse por sus propios medios, y todos gritaron con entusiasmo, convencidos de que la enferma estaba desembrujada, pues había salido la enfermedad del pequeño animal. Le dieron más cosas de las que había pedido en pago de sus servicios y la mayor parte de la gente de la aldea nos acompañó un buen trecho, mostrando su gratitud en la despedida.

No me quiero devanar los sesos pensando en el misterioso tejemaneje de mi acompañante. ¿Había enterrado él mismo el sapo, antes de encontrarlo yo y partir en mi compañía? No era fácil que el animal hubiese sobrevivido. ¿Lo había hecho enterrar por alguien? Pero lo cierto es que, acaso por la influencia de este medio indígena de superstición, o porque haya algo de verdad, no puede negarse que en ocasiones los curanderos primitivos realizan prodigios innegables.

El alejamiento de aquel médico nómade tuvo también un poco de repentina hechicería. Nos sorprendió la noche en un lugar algo abrigado donde por lo menos durante unas horas, hasta las primeras de las madrugada, podíamos descansar cubiertos con las mantas. El hombre se puso a dormir, no sin antes regalarme una hoja de ayahuasca, unas ramitas de pinco blanco y un pedazo de pata de no sé qué ave, con la recomendación de que lo llevase conmigo continuamente o lo enterrase en algún lugar que nunca se apartase de mi memoria. En el primer caso, si corría un grave peligro, bastaría tocar la bolsita en que estaban las hierbas para salir con buena fortuna; en el segundo, recordar fijamente el sitio donde enterré la bolsa.

Yo me senté ya que no a dormir, a dormitar un poco, a veinte o treinta metros del hombre, con los caballos junto a mí. Cuando apenas rayaba el alba fuí a ver al curandero. Había desaparecido. No quedaba ni rastro de él. Nunca volvería a saber de su persona.

Enterré la bolsita por no desobedecerle y tuve la impresión de que el indio hechicero se había evaporado. En mi marcha había llegado a Nazca y luego a Pisco, por donde se iba cerca de la costa en derechura a un camino largo vecino al mar.

El libro de ruta se iba enriqueciendo mientras tanto con firmas, aquí de un personero de la comunidad indígena, allí de un jefe de Guardia Civil, más allá de un alcalde de Consejo o un juez de paz.

Siempre bajando, llegué a Lima, la gran ciudad. Era el 5 de mayo de 1951.

CAPÍTULO XIII

INSOLACIÓN, HAMBRE, TEMBLOR

Lima es para mí un oasis. Recibo múltiples atenciones. Bastaría mencionar las que me prodigaron en el Club Hípico Pinarolo, en el Club Hípico Peruano y en el Jockey Club. Un grupo de jinetes de la primera de las entidades mencionadas salió a recibirme en un grupo de gallarda presencia a la altura de Limatambo. Me hicieron los honores en medio de parabienes sin cuento, saludándome desde sus caballos. No los olvidaré. Recuerdo algunos de sus nombres: el conde Eduardo Morosini, el señor Ignacio Ortiz de Cevallos, señoras Cristina Hawkins, Catalina Ronstenesky, Carin Havelick, Rosa Pastor de la Torre, Maruja Ronstenesky.

Aquella distinguida gente de la sociedad limeña no dejó de secundar mis propósitos. Organizaban fiestas ecuestres con mi participación, y yo era el centro de la admiración general. Pronto la prensa difundía mi llegada a la hermosa capital. *El Comercio*, con un gran reportaje; *La Crónica, Última Hora, Variedades*, etc., con entusiastas crónicas ilustradas.

Pero yo conocía cuáles eran mis dificultades y estaba descontenta respecto a los caballos, hasta el punto de preocuparme por la continuidad del viaje. El *Luchador*, que tan gentilmente me enviaron de la Argentina, hacía poco honor a su nombre. De la yegua, valdría más no hablar. Como no me sirvió de carguera, desde su incorporación al raid, tuve que montar en ella. Esto ha hecho más penosas mis etapas desde La Paz hasta Lima.

Hice presentes mis inquietudes en los ambientes hípicos de la ciudad. Por fortuna, gran parte de la sociedad argentino-limeña oyó mi llamado y no tardó en ayudarme a vencer mis dificultades. El embajador argentino y el agregado obrero de la embajada, se ocuparon en seguida de organizar la ayuda. El ministro de Guerra, general Zenón Noriega, con la venia del presidente Odría, dió orden de que se me obsequiase un caballo. El ministro llevó su disposición hacia mí y, desde luego, hacia la Argentina, a la que por lo menos deportivamente yo representaba, hasta el punto de disponer que eligiese yo misma el animal en el cuartel de San Martín. Los oficiales de este cuartel al conocer lo ordenado trataron de escamotear las mejores bestias antes de mi llegada. En realidad, era un interés casi explicable el de ellos, inspirado en el deseo de que no les privasen de uno de los mejores caballos. Ocultaron así los productos más fuertes y de mejor estampa, y el día de mi aparición no vi nada verdaderamente de mi gusto. Olfateaba la treta.

—Señores oficiales —les dije riendo—: en verdad no me parece que en un cuartel del ejército peruano no haya cabalgaduras que pasen de medianas.

—Usted está acostumbrada a ver las caballadas argentinas. Es fama que en su tierra hay ejemplares comparables a los mejores del mundo.

Advertí una sonrisa fugaz y muy significativa en uno de los tenientes. Entonces les dije:

—Hoy estoy muy apurada y no tengo tiempo de elegir porque es tarea que me tomará varias horas. Dentro de cuatro o cinco días volveré para tratar de hacerlo.

No al cabo de tres o cuatro, sino al siguiente día llegué al cuartel ante la sorpresa de los oficiales. Ocurrió lo que yo había imaginado. Bien a la vista estaban unos cuantos caballos de mejor presencia que la que mostraban todos los que vi en mi visita anterior. La contrariedad se pintó en los rostros de los militares. Pero en seguida se echaron a reír, y uno de los capitanes bromeó:

—Si siempre es así de lista, va a salir con bien de todos los peligros de su hazaña.

Seguía haciéndome la tonta.

—¿Y por qué? No sé a qué se refiere.

—Si usted no advierte nada de particular...

—Nada. Solamente algunos caballos más que la otra vez.

Todos dábamos por entendido el equívoco y me puse a elegir lo que me interesaba. Aparté un hermoso alazán de cuatro años y medio, malacara, y con blanco en las dos patas de atrás. El detalle de caballeriza decía: "Grandes albos posteriores." Figuraba con el nombre de *Cachorro*, y yo se lo cambié por el de *Chiquito Luchador*.

Ahora faltaba un compañero. Y vino a proveer oportunísimamente el director de la Guardia Civil y Policía, don Arturo Zapata Vélez, quien me regaló otra cabalgadura. Era un animal zaino, con una estrella blanca, de siete años.

Como me ocurriera ya, tuve que adiestrar a los animales. Un entrenamiento muy fatigoso por lo escaso del tiempo en que debía de realizarse.

Doné *Luchador* al Club Pinerolo, bien merecedor de una atención mía, que recibió al caballo con toda gratitud, no, claro está, por el valor que la bestia representaba sino como recuerdo viviente de mi raid.

Este Club Pinerolo, que yo conocí, bien merece ser citado como orgullo del deporte hípico en América del Sur. Instituciones como ésta debieran multiplicarse. Lo fundó el profesor de equitación, conde Eduardo Francisco Morosini, el cual después de instaurar la Academia de Equitación, en el hermoso paraje de Lima Polo, la convirtió en el gran club que adquiriría luego todo su apogeo. Yo admiré verdaderamente su picadero para los ejercicios diarios, sus boxes y su numerosa caballada, y el soberbio animal de pura sangre *El Pinerolo*, alma y orgullo de la academia.

El tiempo transcurrido en la capital peruana me permitió contemplar muchos de sus aspectos y bellezas, ya viéndola de un modo panorámico desde su atalaya, que

es el cerro de San Cristóbal, ya recorriéndola en sus calles principales. La catedral es magnífica y guarda los restos del famoso conquistador español Francisco Pizarro.
San Francisco, Santo Domingo, la Merced... Sería imposible hablar de los numerosos templos de arquitectura
colonial y moderna que se pueden admirar en Lima y
describir en forma detallada sus bellezas; ya que es una
de las ciudades más profusamente dotada en este sentido.
Tal vez en Europa, y aún en España, por lo que me han
dicho personas entendidas, no haya muchas ciudades que
aventajen en su estilo la magnificencia arquitectónica de
estas iglesias. Realmente hay motivo para quedarse absorto
ante la nave central de la catedral a que me he referido
o ante la fachada de San Agustín o el púlpito dorado
de la iglesia de Magdalena Vieja.

Pero no son tan sólo las iglesias las que mantienen ese
estilo colonial que hace de Lima una ciudad inolvidable,
en la cual, si no fuera por una vigorosa modernización,
que también se advierte, creeríamos que el tiempo se ha
detenido en las fechas en que el emperador Carlos V la
titulaba "Nobilísima y muy leal". Largo rato admiré el
palacio de los marqueses de Torre Tagle, en el cual se
halla instalado actualmente el ministerio de Relaciones
Exteriores.

Ya es sabido que mi viaje nada tiene que ver con estas
bellezas arquitectónicas, pero no puedo dejar de mencionar aquello que me impresionó más fuertemente en las
poblaciones americanas. Los monumentos de Lima dejan
un recuerdo imborrable porque son una síntesis histórica
desde Manco Capac, el inca que parece presidir el origen
glorioso del imperio precolombiano, pasando por Pizarro,
el descubridor, y por Bolívar y el mariscal Sucre, los
libertadores, hasta los héroes del 2 de mayo de 1866 y el
coronel Francisco Bolognesi, protagonista de jornadas his-
tóricas mucho más recientes.

Pero lo histórico y lo arcaico alterna con lo actual y lo

moderno en Lima, como puede apreciarse al recorrer la Alameda de los Descalzos, la avenida Arequipa, que une a Lima con la magnífica localidad de Miraflores; o el paseo de la República, como el de Piérola u otras avenidas y parques, cuyos nombres he olvidado. No ha sucedido así con el palacio del Congreso y la casa de gobierno, y sobre todo el edificio de Justicia, cuyo imponente trazado apenas cede en magnificencia a los mayores alardes de arquitectura actual.

Y permítaseme que sea breve en estas descripciones, ya que la plena naturaleza con sus peligros y sus constantes amenazas constituyen mi verdadero elemento más que la ciudad.

Salí de Lima después de un mes y veinticuatro días, tiempo indispensable para los trámites y la preparación de las cabalgaduras, con la yegua *Pobre India*, *Chiquito Luchador* y *Furia*, que así se llamaba el tercero. Este último muy valeroso, ágil y de gran disposición, tenía un defecto: era ciclán o mal castrado, lo cual trae consigo inconvenientes.

Pronto, al dejar atrás la capital peruana, se hace sentir lo terriblemente penoso del camino. El calor va castigándonos en forma creciente. La insolación ataca a los animales. Se detienen agotados, jadean, se echan al suelo y apenas si es posible levantarlos. El sol es como plomo encendido. Marchamos alternativamente por arena y montaña, ya que recorremos el macizo montañoso costero y los arenales cercanos al mar. Siempre lo mismo, arena y montaña, montaña y arena. Algunos ranchos de pescadores, que no son indios, me sirven de refugio. La sed martiriza mi garganta y la de los caballos; y cuando consigo una porción de agua suficiente para refrescar la cabeza de los animales, prefiero emplearla en ello, aunque me muera de ganas de beber.

Bien lo merecen los caballos. Nos dan su esfuerzo hasta el límite de sus energías, y su sangre. Aunque hablando con propiedad les suelen dar su sangre a los mosquitos, que en muchos días y noches enteras invaden su piel. Nunca se ponderará suficientemente su inteligencia, y hasta su instinto de saber las cosas que nadie les pudo explicar nunca. Por ejemplo, en un lugar de la costa los pescadores tenían su mecanismo para destilar el agua salada. Una vez logrado, las personas la bebíamos casi a satisfacción, pero los caballos, que ignoraban lo que se había manipulado, se negaban sistemáticamente a probarla.

Puente Piedra, Chancay, Huacho, Paramonga, Huarmey, Chimbote, Puente Viru, Trujillo, San Teodoro de Lloc, Chepén, Chiclayo, Jayanca, Motupe, Olmos, Pieura, El Alto, Mancora, Tumbes..., pueblos, puestos de la guardia civil y ciudades... Algunas como Trujillo, rica y de hermoso ambiente colonial. Todo ello lo fuí dejando atrás en una marcha que no cedía en lo fatigoso y que si bien se puede llamar monótona por la semejanza de los paisajes, no por eso es menos interesante. La grandiosidad de los panoramas andinos perdurará en el viajero durante mucho tiempo a manera de invencible nostalgia. Las facilidades y comodidades urbanas no pueden reemplazar las visiones que ofrece a las pupilas del viajero la naturaleza hostil pero siempre majestuosamente veraz.

Las últimas jornadas a través del Perú parecían interminables. Siempre oyendo hablar de un puesto o de un pueblo próximo y siempre sobre mayores distancias desérticas. Dichas jornadas se extendían a veces hasta sesenta y siete kilómetros, el máximo a que podía someterse a los caballos y que repitiéndolo como hábito agotaría su resistencia.

No puedo quejarme en general del trato que me dieron los indios. Si se tiene en cuenta lo indiferentes que suelen ser para casi todo lo que los rodea, hay que confesar que tuvieron bastantes deferencias conmigo. Es muy difícil de romper ese hielo. De cada veinte preguntas que me hicieron blancos y mestizos, sólo una o dos corresponden a aborígenes. Creo que en algunos rancheríos a no ser por los caballos, apenas me hubieran preguntado a dónde iba o de dónde venía. Son poco curiosos, como si pensaran para ellos solos en algo que nunca podremos conocer, mientras rumian eternamente su coca, que es como un elixir de la supervivencia y del olvido. Se dice que en los tiempos precolombinos la coca estaba reservada al inca o soberano y a los curacas importantes. Pero ya en los tiempos de la conquista el uso era general. Tanto que a la esposa y hermana de Mayta Capac se le dió el nombre de Mama Coca, además del título de descendiente del Sol.

El calor y la humedad reinantes sobre todo en la vertiente oriental de la segunda cordillera y alrededor de los dos mil metros de altura, son las condiciones más propicias para el cultivo de la coca. El fruto sólo se emplea como semilla. El arbusto, que crece cargado de hojas, puede alcanzar más de un metro y medio y mantenerse durante treinta o cuarenta años. La recolección de las hojas —tres cosechas al año— y la desecación de las mismas son las dos etapas más importantes, y la última requiere las condiciones de una práctica perfecta. En los viejos tiempos de la esclavitud del indio se intensificó deliberadamente el cultivo de la coca, cuyas hojas se destinaban al consumo de los indígenas sometidos al duro trabajo de las minas, para que no desfallecieran en su actividad. Entre esa intensificación de los cultivos y la imposibilidad por parte del indígena de prescindir de la coca, formóse entonces un círculo vicioso. He visto que muchas personas —y no indígenas precisamente— no pueden prescindir tampoco de la coca.

Lo más agobiante en esta etapa costera es el calor sofocante. Las insolaciones de los caballos, de las cuales he hablado ya, se repiten con frecuencia alarmante. A mí se me reseca la garganta y se me resquebraja la piel.

Recorro leguas y leguas del buen camino asfaltado, que tan pronto acerca sus ondulaciones al mar como se encarama a las montañas.

En la costa abundan los pescadores chinos. Durante muchos días no como otra cosa que pescado. El agua escasea angustiosamente y suele atormentar la sed. En ciertas zonas de por aquí el agua es un verdadero tesoro, y una hazaña victoriosa encontrar uno de los camiones que la transportan y obtener un poco de ella. De todos modos y a pesar del sufrimiento, hay la compensación del doble y formidable espectáculo natural: por un lado la masa enorme del Océano Pacífico, y por el otro la estribación ondulante de la cordillera.

Conforme se va ganando el norte del Perú, y ya en las proximidades de este país, las tribus ofrecen las características inmutables de su mísera condición que los hace casi indiferentes a la falta de recursos; cabe pensar, no obstante, si en ello no tiene algo que ver la falta de ambición que se puede observar en un viaje de raid, especialmente en lo que se refiere a supervivencias de lo primitivo ofrece aspectos cambiantes. El viajero narra únicamente lo que ve junto a sí, sin conocimiento ni preocupación por lo que ocurre cincuenta kilómetros a derecha e izquierda.

Esto podría aplicarse a un fenómeno típico del Perú: los temblores o movimientos sísmicos. Los que importan son aquellos que zarandean la tierra en donde nos encontramos. Ya en Lima, cuando me alojaba en casa del conde Eduardo Morosini, experimenté un par de sustos de esta clase, aunque sin consecuencias; pero apenas sentí que mi cama se deslizaba como si levantasen una tarima, salté con la presteza de una liebre y me encontré en la calle a medio vestir, antes que estuviese en ella el resto de los moradores de la casa. Eso no quiere decir que los moradores no saliesen dos minutos después. Menos asustados que yo aparentemente, pues tenían mucha experiencia para no calibrar las proporciones del temblor. No hay por qué decir que cuando les fallaba esa experiencia era porque había sobrevenido la catástrofe.

Ahora, en mi camino hacia el límite peruano, he visto esa catástrofe, no sin gran pavor, en la montaña. Advertí que los caballos se mostraban muy inquietos, como si hubiera algo en el aire que los desazonase. Como no perdía nunca los movimientos ni una sola actitud de los animales, no se me escapó que barruntaban algo, no podía acertar qué. Un indio que se emparejó conmigo en el camino, y que sacó de su pequeña bolsa su porción de coca, se detuvo bruscamente y olfateó el viento del mismo modo que lo podría hacer un perro de caza.

—Malo, malo —me dijo.

—¿Por qué?

Entonces se puso en tierra con la oreja pegada al suelo. Se levantó con un gesto muy grave en el rostro y con una sola palabra en los labios:

—Temblor.

Su consejo, sin lugar a discusiones, fué que no avanzáramos un paso más. Yo no comprendía bien de qué se trataba, y enemiga por sistema de detenerme inútilmente, pretendía seguir adelante, taloneando al caballo y haciendo caso omiso del indígena.

Pero éste se plantó ante el animal como si prefiriese que lo arrollara antes de dar unos pasos. Por otra parte, los propios caballos manifestaban una tendencia a no seguir adelante que pude advertir. "Consejo de hombre de la tierra y barrunto de animal", pensé, "son lo suficiente para obedecer". Y obedecí.

Todo esto había sucedido en mucho menos tiempo de lo que se tarda en contarlo. De pronto se oyó un espantoso ruido sordo, como si un trueno viniese rodando bajo nuestros pies. Todo un enorme cerro que estaba a nuestra vista se conmovió y rodaron por él peñascos y algunas grandes rocas. Me tumbé en el suelo y el aborigen hizo lo mismo. Era el espectáculo terrible de un derrumbamiento cuyo alcance yo no podía calcular. Desde donde estábamos se percibió perfectamente la trepidación, pero la mirada del indígena se tranquilizó un tanto, pues parecía que su experiencia en este orden de cosas no le hacía temer mucho, a condición, claro es, de que no abandonáramos el lugar en que estábamos.

El temblor fué de menor duración de lo que a mí me pareció. Cuando tratamos de avanzar se nos hizo muy difícil marchar sobre las rocas, sin señal alguna que permitiera orientarnos, ya que el fenómeno sísmico lo había trastocado todo.

Los animales estaban asustadísimos, por lo que perdían el equilibrio. Debo hacer notar que, cuando estaban en tierra los mantuve junto a mí, agarrados de los cabestros, pero enloquecidos de terror tiraron prontamente y se alejaron a toda carrera. Aunque auxiliada por el indio encontré muchas dificultades para cogerlos después.

Luego de estas y otras aventuras de menor cuantía, fuí a dar a Tumbes y Aguas Verdes, o sea la frontera con el Ecuador.

CAPÍTULO XIV

CAZADORES Y FIERAS

Una vez en esta frontera lo primero que hice fué desembarazarme de *Pobre India*. La yegua constituía para mí un estorbo con más inconvenientes que ventajas, sin contar las preocupaciones propias de su manutención. Se la dejé en depósito, mejor dicho en recuerdo, sin pensar en recuperarla, a una señora canadiense que habitaba en el lugar a que me he referido al final del capítulo anterior.

Libre de aquel lastre me dispuse a entrar en el Ecuador, pero la visación fué de una lentitud desesperante. Los peruanos me habían dicho que tuviese mucho cuidado con los "monos", pues así llamaban a la gente del Ecuador (los ecuatorianos, en cambio, llamaban "gallinas" a los del Perú). Esto podía tener más o menos gracia, pero a mí me interesaba solamente que se me permitiera avanzar sin estorbos.

En Ecuador no permitían la entrada de equinos a causa de la epidemia de aftosa. Me desgañité para hacerles comprender que yo y mis caballos constituíamos una unidad de tres cuerpos necesariamente inseparable. De nada valió, y me indicaron la única solución: presentarme en Guayaquil, embarcando en Puerto Bolívar. No había otro remedio que aceptarla. Dejé los animales y tomé sola el barquito que une el puerto con la ciudad mencionada. Allí las autoridades insistieron en que era necesario embarcar los caballos hasta Guayaquil. Aunque el trecho era cortísimo, persistí en el propósito de que los caballos no marcharan siquiera un kilómetro por otros medios que sus cuatro patas. La imposibilidad de pasar los caballos, debido a la plaga de fiebre aftosa, me obligó a embarcarme sin ellos para hacer gestiones cerca de las autoridades. Y éstas, tras de muchos esfuerzos por mi parte, para plantear el problema, me permitieron trasladar los caballos en barco, desde Puerto Bolívar hasta Guayaquil. Al realizar el embarque *Chiquito Luchador* resbaló en la tabla que habían colocado oblicua y desmañadamente y cayó de un modo aparatoso aunque por fortuna sin graves consecuencias.

En Guayaquil me ocupé en curar a *Chiquito Luchador* que se había golpeado, y durante ocho días sólo pude darles de comer a él y a su compañero, yuyo de arroz. Estaba escrito que mis leales equinos comerían toda clase de alimentos, y yo los he visto en alguna ocasión ingerir la sobra de la sopa de los cuarteles u otros establecimientos, como simples mendigos.

De Guayaquil a Vinces, pasando junto al río Daule, y el río Pula y el propio río Vinces, y el lugar de este nombre, hasta Quevedo, o sea ochenta kilómetros más allá, tuve que habérmelas con zonas de monte muy bravo y con travesías fluviales que constituyeron otros tantos riesgos.

Aquí recordaré que habiendo oído siempre hablar del extremado calor de todo el país ecuatoriano, debo afirmar que ello es más o menos cierto hasta llegar a Guayaquil. De Guayaquil a Quevedo se disfruta de una temperatura en realidad agradable. Así lo experimenté yo a mi paso por aquellas latitudes. Aunque es de lamentar el encuentro de ríos que hay que atravesar, debo advertir que en sus orillas realizaba una tarea tan imprescindible como lavar mi ropa y tenderla al sol.

En uno de estos ríos funcionaba una balsa municipal, en teoría gratuita: los hombres que estaban a su cuidado pedían cien pesos ecuatorianos por la travesía, cantidad excesiva en relación con mis exiguos recursos. Me decidí a meterme con los caballos en una canoa que manejaba un muchacho de buena disposición. Desensillé y desembaracé a los animales de todo impedimento para que, así en pelo, realizaran un viaje a la otra orilla. Destinaríamos el siguiente viaje a los pertrechos.

Fué muy difícil la travesía porque las bestias no conservaban el equilibrio. *Chiquito Luchador* era el más inquieto, y en uno de sus movimientos cayó al agua, arrastrando al muchachito que lo sostenía. Hubo que bregar duro para que no se ahogaran ni uno ni el otro. Esto ocurrió a pocos kilómetros de Vince. Casi en peor situación me las vi en el gran río Quevedo para conseguir hacer atravesar a los caballos por un puente de madera, bastante movedizo, en el cual resbalaron los pobres brutos. Tuvieron que hacer casi a nado la travesía. Sin embargo, todo esto resulta un juego de niños si se lo compara con el encuentro, bastante desagradable, que tuve en aquellos parajes. Me habían advertido: "En esta región hay dos caminos: uno está infestado de criminales y el otro de fieras." Contesté rápidamente: "Prefiero el segundo." No tropecé, entonces con los primeros, justo es decirlo, pero sí con las fieras. La más peligrosa de éstas era el tigre, cuyo nombre se halla tan frecuentemente en los labios de los campesinos, en realidad el jaguar o tigre americano, animal muy fuerte, muy ágil, menos flexible, menos largo que el tigre verdadero, pero de una fuerza enorme y de pecho muy poderoso.

La primera vez que lo vi, el miedo casi me heló la sangre. Fué algo muy rápido. A los caballos se les erizó el pelo. Quedaron inmóviles y temblando como azogados. Salió de improviso del monte por una de las laderas del camino, con gran estrépito de matas y follajes pisoteados, una especie de grupo fantástico formado por dos cuerpos: el mayor, una res bovina, no recuerdo si un toro o más bien un búfalo; el más pequeño era el jaguar. Éste iba encaramado sobre el lomo de su presa y con las garras rabiosamente afirmadas al cuello del toro. La res corría enloquecida como alma que lleva el diablo. El llamado tigre era una bestia espléndida, la piel lustrosa, como aterciopelada, con unos dibujos muy regulares, recordando manchas de cuadros o forma de flores sobre el brillo amarillento. Su cabeza era muy espléndida y fortísima. Daba la sensación de poseer una musculatura invencible.

Pasaron como una ráfaga, cruzando el camino e internándose en el monte de la otra ladera. No tardé en oír un mugido patético y lastimero. Indicaba que la fiera había terminado con la res y ésta lanzaba el último estertor.

Decidí permanecer en aquel lugar y recurrir al sistema gracias al cual, según he oído, se ahuyenta a estos carniceros: encender un buen fuego y no separarse de él. Y esperar contando con la llegada de otras personas por el camino. Juntos, el riesgo sería menor.

Me puse a la obra, y con leña seca que allí no faltaba, conseguí encender una buena hoguera; se nos vino el atardecer y cayó la noche. Me angustiaba principalmente el peligro que corrían los caballos, los cuales no parecían menos inquietos que yo, pues su temblor, sudores y desasosiego no cedían un instante.

Pasé la noche en vela junto a la fogata, con mis dos compañeros, y antes del amanecer llegó un hombre de campo, creo que leñador, y ante su extrañeza por aquel fuego que, verdaderamente, no reclamaba la temperatura, le conté lo ocurrido.

Advertí que tampoco a él lo abandonaba el temor a los tigres; y al oír lo que le contaba vi crecer su miedo. Precisamente se oía el poderoso resollar característico de la fiera, y hasta, aseguraba el campesino, no el de una sino el de dos de ellas.

La inquietud del hombre se fué convirtiendo en verdadero pavor, y oí de sus labios la sugerencia más peregrina que podía escuchar aunque viviera cien años. Le oí, y tuve ganas de apalearlo con el rebenque.

Me propuso más o menos esto: ¡Como la presa favorita de los jaguares eran bestias del tipo de los caballos, una manera de alejarnos nosotros y de que los tigres se entretuviesen era dejar atada a una de las cabalgaduras, apagar rápidamente el fuego y huir "nosotros dos" en el otro caballo.

Lo cubrí de insultos, pero él no parecía comprender el motivo. El hombre me dijo que conocía el lugar en que unos cazadores habían levantado sus carpas, en pleno monte, e hice uso de todos mis argumentos de persuasión para convencerlo de que yendo a pie y sin el gran incentivo que representaba un caballo, podía trasladarse sin apenas peligro adonde estaban los cazadores y avisarles a fin de que nos sacaran del aprieto.

Llegué a convencerlo y el hombre regresó poco más tarde con dos de los cazadores provistos de rifles modernos. Supongo que aquella gente no se dedicaba solamente a cazar por ahí, pero eso me tenía muy sin cuidado.

Cuando hablaban conmigo, sorprendidos y con felicitaciones por el viaje que yo hacía, y cuando estaban planeando la manera de batir a los tigres, *Furia*, con un tirón inaudito se desembarazó de la cabezada y emprendió una carrera enloquecida por el camino adelante. Antes de que pensáramos cómo detenerlo, saltó al camino un jaguar de gran tamaño, seguramente el mismo que vi anteriormente y que andaba rondando a los equinos.

Apretó *Furia* su galope, como si estuviera en una carrera reñida, y el tigre iba detrás, ganando distancia con sus saltos. Yo tuve ganas de taparme los ojos, pues veía el momento en que saltase sobre la grupa o sobre el lomo y destrozase a la caballería con sus zarpas tremendas.

En esto, los cazadores se echaron los rifles a la cara y dispararon simultáneamente varios tiros cada uno. Las detonaciones sobrecogieron al jaguar que, por lo pronto, abandonó la persecución del caballo y se puso a caminar muy despacio, con enorme cautela, encogiéndose y arrastrándose por el camino. Los tiradores volvieron a descargar sus armas. Se vió internarse a la fiera en la espesura montaraz. Luego descubrimos un reguero de manchas de sangre. La fiera fué, sin duda, herida.

Los tiradores y el indio me ayudaron en la tarea de recuperar a *Furia*, y cuando lo logramos, unas horas después, nos pusimos todos juntos en marcha hasta que me despidieron tres leguas más allá. Formé el propósito de adquirir, llegada la ocasión, un buen rifle.

Desde Quevedo apretó nuevamente el calor. Padecía de una indigestión que casi no me permitía tenerme en pie. En cuanto a *Furia*, enfermóse aparatosamente. De súbito clavó las cuatro patas y por ningún medio se le pudo hacer caminar. Sudaba y resoplaba. Hacía ya dos días que el animal no comía, pero yo no consideraba esto motivo suficiente para verlo en tal estado.

Algo tenía que hacer. Bajé los equipajes de la montura y los escondí entre unos grandes matorrales. *Furia* se había acostado y resollaba hondamente. Salió mucha gente de todas las edades en mi auxilio, tanto que entre todos consiguieron empujar a *Furia* hasta la cabaña. Aquellos indios providenciales cortaron con los machetes unos yuyos que conocían y que los caballos devoraron con todas sus ganas. Pedí a la gente otro machete y me apliqué con denuedo a la tarea.

Por fin se pudo superar el desfallecimiento sufrido por *Furia*, en gran parte merced a los cuidados de los indios. El peligro que yo creí mortal había pasado, aunque no era aconsejable hacerlo caminar por el momento. Recuperé el equipaje y pude llegar con *Chiquito Luchador* a Esperanza. Allí, mientras iba por el otro caballo, me sustrajeron de la maleta de lona casi toda la ropa, lo cual suponía para mí un lamentable percance. En aquellas regiones era muy difícil sustituir lo perdido, aparte de que no disponía de grandes recursos económicos.

A mí me maltrataron los ladrones, y a los caballos uno de sus enemigos más crueles, la garrapata. Los dos se infestaron de ellas sin que encontrase en ningún lado los remedios para extirpárselas. Ambos sufrían visiblemente a causa del parásito y *Furia* continuaba enfermo, sin acabar de reponerse. En Pilaló se le hizo una sangría que consiguió aliviarlo un poco. En aquella localidad me informaron que el camino que debía recorrer en adelante era muy difícil, y el juez del lugar resolvió hacerme acompañar con gente de su jurisdicción.

Bajaban los indios de la montaña por ser día de feria en el pueblo. Ellas lucían sus mejores sombreros picudos y ellos sus ponchos más vistosos.

En este pueblo pude ver un casamiento de indios con toda la celebración sencilla y pintoresca que suele rodear a una ceremonia así entre los indígenas. Se realizaba la boda en un cuarto alumbrado con velas, lleno de hombres emponchados, sin proferir una palabra. El juez le preguntó al novio: "¿Cuántos años tienes?", y él le contestó preguntando: "¿Y cuántos tendré?" Calcularon la edad como mejor pudieron los dos contrayentes recordando las cosechas y el tiempo de vida de algunos animales domésticos, conformándose el juez con el dato. Después indagó el mismo juez: "¿Cuántos hijos tienes?" Me extrañó la pregunta, pero por el tono rutinario con que la oí hacer, supuse que el juez tenía sus motivos para formularla. "Cuatro", contestó el indio. Se tomó nota y recibieron la bendición.

A los que habían bajado de las montañas los reunió el gobernador, y eligiendo veinte entre ellos, hombres y mujeres, les dijo:

—Vais a acompañar a esta señorita que es extranjera y tiene la protección del gobierno. Vosotros responderéis de lo que ocurra a la patroncita y no intentaréis abandonarla hasta que se encuentre en el próximo pueblo, bien acomodada para seguir su valeroso viaje.

Todos dieron gritos protestando que lo harían así y que cuidarían de la viajera como de sus propias vidas. Quedaba bien entendido que garantizaban mi llegada al próximo destino, que era la localidad de Sumbahua.

El terreno, en aquel trayecto, era tan abrupto e impracticable que aquel gobernador o teniente de indios daba por seguro que yo no conseguiría atravesarlo sin el auxilio de varias personas, como lo había dispuesto. Sólo hay en aquellas tierras trochas de indios, y a cada momento los que me acompañaban tenían que sujetar a las caballerías cuyos cascos se deslizaban en continuos resbalones. Parecíamos un pequeño batallón de locos, empeñados en atravesar con dos bestias a remolque, lo impracticable.

Muchas veces con cada salto se evitaba rodar por un precipicio. Cada altura era escalada con esfuerzos inauditos. Y siempre usando yo de todas mis energías para que no cayera en desánimo la gente de mi escolta. Aquellas jornadas a unos cien kilómetros de Quito difícilmente podrán borrarse de mi memoria.

He de explicar para los que tengan la paciencia de seguir con alguna curiosidad mi viaje por los países de Sud y Centro América, que son varios los motivos por los cuales me veía frecuentemente obligada a tomar campo traviesa en cambio de seguir por las carreteras o caminos firmes. Cuando abandonaba éstos lo hacía, o para ganar cantidades de kilómetros, con lo cual podría nivelar el promedio de marcha, descontando las largas paradas forzosas en algunas capitales; o por buscar terrenos de mejor pasto para los equinos; o, sobre todo, porque en determinadas regiones, los tramos de carretera se extienden por leguas y leguas de soledad, sin que pueda hallarse, al ritmo de marcha del caballo, lugar donde pasar las noches o donde proveerse. Para los viajeros en automóvil todo esto, como puede suponerse, es muy distinto. No faltaron, ni habían de faltar en adelante, regiones peligrosas, o por lo menos inquietantes para recorrer muchos kilómetros de carretera solitaria. No se olvide que el camino tal cual lo realizaba yo, a través de montes y desiertos, donde en caso de percance no hay a quién acudir, dista mucho de ser una senda de rosas. Las noches acrecientan el temor. Con frecuencia, yo trataba de aparecer como viajero del sexo masculino. Para ello, me tapaba bien, dejando visibles tan sólo las botas y bombachas. Además, ocultaba el cabello y, en fin, procuraba que nada denunciase el sexo. Si oía pasos a lo lejos y esperaba cruzarme con gente, encendía un cigarrillo de los que llevaba sólo para tal treta. Como no fumo, lo simulación no me era agradable, pero bien tapada y sacando lumbre a la chupada del cigarrillo, nadie iba a tomarme por una mujer que cabalgaba a la intemperie.

Pero no pude engañar con estas precauciones a ciertos aguafiestas que me proporcionaron una noche terrible, como ahora voy a contar.

CAPÍTULO XV

PERSEGUIDA Y ROBADA

Y una noche en que tanto yo como los animales más necesitados estábamos de reposo, después de duras jornadas muy ásperas en que se alternaban las de calor bochornoso con las de frío intolerable, me vi en figurillas para defenderme de algo muy desagradable. Estaba durmiendo en una de aquellas casuchas destartaladas, cuando me despertaron las voces de unos conversadores inoportunos que bebían y discutían en la pieza contigua. Por lo que sabía, el caserón pertenecía a una estancia abandonada donde se iba a albergar la gente de camino. Los que bebían en el cuarto contiguo hablaban quedamente para que yo no pudiera oír sus palabras. Evidentemente pensaban que dormía, ya no pude conciliar el sueño al cerciorarme de que mi persona era el tema de la conversación. Se aludía a la "argentinita" en todas las frases, y por ellas me di cuenta de que lo propuesto por alguno y aceptado por todos era irrumpir en mi habitación. Por las risotadas y los chistes se comprendía con qué fin. Me arrojé de la cama y me vestí previamente. En seguida entraron todos —eran cinco— con insolencia no disimulada y alumbrándose con una vela, que uno de ellos llevaba en la mano.

—¿Qué quieren? ¿Por qué entran aquí? Salgan ahora mismo —les grité.

Ellos no hicieron caso y avanzaron hacia mí. Salté sobre el que llevaba la vela y se la apagué de un manotazo. En la oscuridad y la confusión salieron los cinco de la pieza y aproveché para atrancar la puerta con un madero que había a mano. Pronto golpearon en ella con todas sus fuerzas, y cuando consiguieron abrirla salté por la ventana. Prefería agotar todos los recursos de fuga y de escondite, antes que emplear el revólver, sobre todo porque eran cinco hombres —creo que tratantes de no sé qué mercaderías— y seguramente estaban armados.

La noche era helada, el frío me hacía temblar y oía el entrechocar de mis dientes. Me escondí entre un montón de alfalfa, pudiendo ver desde mi escondrijo cómo mis perseguidores continuaban su búsqueda obstinadamente. Oía sus voces:

—No puede estar muy lejos.

—Esa viajera no se nos escapa.

—Si va sola campo adelante, ¿para qué tantos remilgos?

Pasaron varias veces junto a mi escondite.

Tenía pensado, si me veía más apremiada, correr hasta donde acampaban los indios, no lejos de allí, y ponerlos en conmoción para que me defendieran. El juez de Pilaló, a quien ya me he referido, les había dado órdenes bien concretas y hecho responsables con sus vidas de cualquier daño que me aconteciera. Es indudable que los indígenas habrían emprendido una batalla sin cuartel.

Alguien se anticipó a mis decisiones, y al parecer corrió a advertir al encargado del caserío lo que estaba ocurriendo. Éste era administrador de la empresa en que los indígenas trabajaban en la plantación de papas. Muy temeroso de lo que pudiera suceder con los indios que me acompañaban con la orden de custodiarme, se levantó revólver en mano e hizo despertar y ponerse en actividad a todo el mundo.

Yo había pasado del montón de heno a una zanja, y desde allí oía las grandes voces del administrador:

—¡Señorita Beker! ¡Señorita Beker!

¿Me buscaba para defenderme de mis perseguidores, o trataba de perseguirme él también? Proseguían mis dudas y mi propósito de levantar a mis indios y resignarme con la sarracina que pudiera venir, pues yo no era en modo alguno culpable.

Sólo cuando oí que las voces del administrador aludían a los que intentaron maltratarme y los cubría de insultos y amenazas, empecé a comprender cuál era su actitud, y aunque todavía no me sentía segura del todo salí de la zanja. El administrador preguntaba, agitadísimo:

—¿Le hicieron algo, señorita? ¿Le pasó algo malo?

—Por lo pronto me quitaron el sueño y me hicieron pasar un frío terrible en esta noche de perros. Si me hubieran hecho algo, los indios que me acompañan por orden del juez ya andarían a machetazos con todo el mundo.

El hombre se alarmó grandemente.

—¡Usted no consentiría en una catástrofe así!

—No si me respetan, como tienen obligación, pero la provocaría si proceden de modo contrario.

Desde aquel instante el administrador se convirtió en mi guardián, y entre buscar a los insolentes y órdenes por aquí y discusiones por allá, se hizo la madrugada. Entre dos luces, cuando yo todavía continuaba tiritando, los que produjeron todo el incidente presentáronse con ínfulas, especialmente el más resuelto de todos. Insistió en que no merecía la pena hacer tanto barullo para velar por una mujer que vagaba a la buena de Dios.

La cosa terminó con una batalla campal entre el administrador y el insolente. El primero puso el revólver en el pecho del otro y después lo golpeó con los puños hasta hacerlo sangrar. Sus compañeros, los otros tratantes, hicieron ademán de intervenir, pero yo a mi vez, revólver en mano, los amenacé con mi arma decisiva: poner en acción a los indios.

El administrador me rogó que ensillase y continuara mi camino, "aunque tenía mucho gusto en atenderme en lo posible y estaba muy apenado por lo ocurrido". Se adivinaban los vivos deseos del hombre de que yo desapareciese y conmigo la causa de la discordia. Se comprometió a retener a los individuos y verificar si iban a la más próxima estación ferroviaria, para continuar su viaje. De este modo no habría riesgo de que me siguieran e insistiesen en su propósito. Como todos estaban allí impresionados en lo tocante a mi seguridad, designaron a uno de los indios para que prosiguiera custodiándome.

Con la montura en el caballo de silla y en el otro la carga, desgraciadamente demasiado aligerada por el robo, me puse en marcha cuando apuntaba el sol. Todavía oí vocear a uno de los que tanta zozobra me habían ocasionado:

—Si no anduvieras sola por ahí, no te pasaría nada. Que no sirves más que para comprometer a los hombres...

Y añadió unas palabras difíciles de reproducir y bastante ofensivas para mi persona.

Ello me recuerda lo que oí en cierto pueblito mejicano en que me detuve. Discutían dos hombres de edad acerca de mi caso. Uno de ellos opinaba: "Yo, tratándose de una hija mía, preferiría que se estuviese en la cocina o remendando ropa." El otro contestó: "Pues yo, como eso es algo que hacen tantas mujeres, preferiría que realizase una hazaña como la de esta señorita."

Poco tiempo me quedaba para pensar en consideraciones de esta naturaleza y en el bárbaro modo de razonar de los individuos aquellos, pues el terreno que ahora nos tocaba recorrer era tan malo como los peores. Un barro negro y pegajoso que nos enlodaba y nos salpicaba desde los pies hasta los pelos. Los animales se cubren de una capa que se les endurece sobre la piel. Además el camino es trabajosísimo, pues hay que hacerlo por unas cañadas muy estrechas como si se estuviese emparedado y con el lodo cubriendo el suelo continuamente. Mi único deseo era entonces arribar a Latacunga, un pueblo bastante importante con puesto de policía, donde tal vez pudiera descansar un poco. *Furia* continuaba enfermo, con los ojos tristes, las orejas lacias y mirándome siempre de un modo lastimero. El mal estado de uno de mis animales —siempre insisto en ello— era mi pesar más insoportable, y mi más grande contento verlos sanos y comprobar que lo estaban a través de signos inequívocos: cuando miraban con alegría, cuando relinchaban al arrancar la marcha, cuando orinaban bien y con regularidad. Admito que el excesivo afecto a los animales los hace viciosos y mañeros, pero no podía evitarlo, especialmente tratándose de *Chiquito Luchador:* accedía a cuanto deseaba, aunque adquiriese mañas graciosas, pero insoportables, por ello. Llegó a mis manos a los cuatro años y medio y me tenía tanto más cariño cuando estaba convencido de que no iba a castigarlo por muchas trastadas que hiciera. "Está resabiado de mimos", me dijo un sargento domador de la Guardia Civil. "Pero en cambio", le contesté, "en ocasiones tiene la docilidad de un ternero".

Aunque no tan mimado *Furia* me daba más disgustos que *Chiquito Luchador.* Sobre todo por su castración defectuosa que lo alteraba frecuentemente a la vista de las yeguas. En cierta ocasión, atraído por una, que estaba en un vallecito, entre las rocas, trepó para atajar por un paso hasta tal punto de difícil y angosto, que se quedó encajonado con la grupa hacia nosotros y sin poder retroceder, porque sus cascos se escurrían y hubiese rodado entre las peñas. Mi guía indio y yo tuvimos que acudir en su ayuda y hacerlo deslizarse, fuertemente sujeto por nuestras manos de las crines y del cabezal.

En el pueblo de Latacunga denuncié el robo de que

había sido objeto. El funcionario al cual hice la denuncia me contestó que no podía hacer investigaciones porque estábamos en un país muy democrático y no era posible denunciar a los ciudadanos.

—¿Y si hubiera robado yo?

El funcionario se encogió de hombros.

—Yo también soy de un país democrático —insistí— pero no veo por qué no se ha de respetar la propiedad privada.

Me habló de una posible remuneración, como ya me habían hablado anteriormente, pero como se comprende, no se trataba de eso.

Y ante el excepticismo de quien me escuchaba, comprendí que era mejor por el momento, abandonar el tema.

Todos los pequeños y grandes contratiempos quedaron compensados y olvidados cuando puse pie en el lugar que se llama la Avelina, y donde poseía una estancia o hacienda de recreo el entonces presidente, señor Galo Plaza. Allí tuve una muestra de la hospitalidad y cortesía ecuatorianas. Me recibió el propio presidente, que pronto me presentaba a su esposa y a su hermano, y me prestaba un hermoso caballo para las presentaciones en las fiestas. Estaba allí a sus anchas con toda naturalidad el jefe del Estado, vestido con una simple campera y rodeado de indios que parecían tenerle un afecto verdadero.

Dejé los caballos perfectamente acondicionados y el presidente me rogó le contara algo de mis aventuras. Unos indios se acercaron para pedir al *tata* —así lo llamaban— que los dejase escuchar el relato.

Y luego fuí agasajada con una comida que presidió la gentil esposa del mandatario.

Entre otros regocijos y entretenimientos dignos de ver, se me ofreció una corrida de toros en uno de los corrales cercados de la finca. El hermano del presidente, José María, era muy aficionado a torear y hablaba de los estilos de la lidia y de los buenos y temerarios matadores de Méjico y España. De Arruzum, de un Dominguín, de un Manolete, que había muerto, y que lo llamaban el maestro, el fenómeno y qué sé yo...

Los vacunos tenían bravura, porque los traían del monte, donde se criaba una manada chúcara en estado completamente salvaje. De condición tan montaraz que algunos de los toros al ser alejados del monte enfermaban y se morían de furor.

En mi charla con el presidente le conté lo que me habían dicho del "país democrático", cuando denuncié el robo de que había sido víctima. Se echó a reír de buena gana y me prometió que nada perdería y de todo se me remuneraría en el país. Me ofreció dos caballos de paso, frescos, mientras se reponían los que llevaba conmigo. Después enviaron a *Chiquito Luchador* y a *Furia* a la capital, y el primer agasajo que me hicieron en Quito fué un acto en mi honor que consistía principalmente en una vuelta olímpica en la cancha de fútbol para saludar al público allí congregado. Las emisoras de radio anunciaron y comentaron aquella fiesta deportiva que fué un verdadero éxito. Volvieron mis caballos a la hacienda de Galo Plaza, y en ella permanecieron veintidós días de mi estancia en la capital.

Paralelamente con los honores que me dispensaban recibí una comunicación del ministerio de Hacienda en la que me acusaba de haber violado las leyes ecuatorianas que prohibían introducir caballos del extranjero a causa de la epidemia de aftosa. Exhibí los papeles que había obtenido en Guayaquil y expliqué lo de la travesía en el barco. Y finalmente me vi favorecida —esa era mi creencia— con la promesa de que al llegar mis caballos se me proveería de papeles para ellos, de modo que nadie me pudiera molestar. Con el aditamiento de una petición de cincuenta ecuatorianos para el pago de tales achaques. Me negué... y la verdad, pagué.

Reanudé mi marcha, siempre adelante, y dejé a la simpática Quito y a sus excelentes moradores. Mal que bien, mis animales iban descansados. Atravesé una región de muchos indios, que guardaban ganado, gente muy laboriosa aunque mejor aun puede decirse esto de los que trabajaban en los telares de Otavalo y realizan verdaderos primores en su oficio.

Simpática ciudad también la de Ibarra, que visité despacio y donde el secretario de la provincia de Imbabura, señor Bolívar E. Almeida, escribió en mi libro: "Certifico que la señorita Ana Beker, de nacionalidad argentina, visitó la ciudad de Ibarra y continúa su viaje de turismo a las naciones del Norte; habiendo dejado una impresión de su esmerada cultura y espíritu atractivo."

Me voy acercando a la frontera colombiana y preparándome para decir adiós a otro de los países de mi recorrido en este continente tan vasto y variado.

En Tulcán, última ciudad de mi itinerario por el Ecuador, tuve oportunidad de tratar a un coronel, autoridad de aquellos lugares, que me dejó la impresión de amabilidad observada casi siempre en el país. Sólo que al buen señor había que decirle: "Che, coronel", pues no usando el "che" afirmaba que no parecía argentina. Y es curioso que en muchos lugares de América llaman familiarmente los "ches" a los argentinos. En aquella localidad me ocurrió que habiéndome destinado una piecita para pasar la noche en una fonda de indios, y a pesar de llevarme la llave del candado para dar un paseo con unas señoritas del pueblo y con el médico del cuartel, al regresar vi que la puerta estaba abierta.

—¿Cómo se entiende? —pregunté—, ¿ha entrado alguien?

—Sí, está durmiendo un hombrecito...

En efecto, hombrecito o hombrazo, roncaba uno, bien estirado junto a mi lecho.

Protesté airadamente.

—Pero si es mi primo —contestó el fondista.

—Sea quien sea, va a salir de aquí ahora mismo, si no quiere que arme un alboroto y se me oiga hasta en el cuartel.

Inmediatamente sacaron al hombrecito con cama y todo, en volandas, al fresco de la noche.

CAPÍTULO XVI

POR EL COLOR DEL PAÑUELO

Colombia a la vista. Entro en Ipiales y puedo contemplar al pintoresco santuario de Las Lajas. De allí paso a Pasto, al que sirve de atalaya el volcán Galeras y donde a pesar del nombre del pueblo mis caballos no tienen un metro cuadrado donde pastar. Tienen que conformarse con los restos de la sopa y la comida de unas tropas aquí acantonadas.

La ciudad alberga gente muy laboriosa y excelentes artesanos, y es la capital del departamento de Mariño. Representa en Colombia el impulso del intercambio entre este país y el Ecuador. Pasando por Buesaco me encuentro en La Unión por un camino seco y árido de ralos arbolitos. Al acercarnos a unos arrieros, *Chiquito* recibe una fuerte patada de mula en la parte alta de una pata. La herida, desgraciadamente, se le echa a perder de tal modo que se hace necesario pedir los auxilios de un veterinario.

El pueblo parece colgado de una cima, y a derecha e izquierda hay precipicios profundos. El alcalde me dice que no existe veterinario en la localidad, pero que felizmente hay un médico. Yo hubiese preferido un veterinario, pero tuve que aceptar a regañadientes la intervención y consejos del doctor en medicina. Éste sonreía, entre escéptico y compasivo, al verme hablar a mi enfermo:

—*Chiquito*, dime ¿qué te pasa?

Contestaba con un relincho lastimero.

—¿Dónde te duele? ¿No sabes decírmelo?

Volvía a relinchar y extendía la pata dolorida.

Yo le urgía al doctor:

—Es una infección y no se puede combatir con remedios externos.

Él se enojaba:

—Soy médico, y bastante hago para solucionarle el problema del animal enfermo.

Recetó una pomada. Pero yo insistí en que era ocioso embadurnarlo inútilmente.

—Creo que penicilina, millones y millones de unidades de penicilina, es lo que puede salvarlo.

Por fin el médico accedió encogiéndose de hombros.

—La bestia es suya, y la penicilina si la puede adquirir o le hacen donación de ella, también.

La suerte fué propicia conmigo y obtuve el antibiótico en proporciones suficientes para un tratamiento que bien podía decirse "de caballo" en aquella ocasión. El proceso infeccioso quedó detenido lo bastante para que pudiéramos continuar nuestra marcha. Esta vez con no poco recelo, pues me habían dicho que en el tramo de La Unión a Patía acampaban unos negros crueles y medio alzados que días antes habían dado muerte a un matrimonio de vendedores ambulantes, sólo para apoderarse de su modesta mercancía.

Tomé mi revólver, para tenerlo bien a mano y a punto de hacer frente a cualquier sorpresa.

Como en estos casos la alarma suele superar a la realidad, pensé que quizá no fuera asaltada. Pero lo fuí, sin que ello llegara a sorprenderme del todo, porque desde que me pusieron sobre aviso no pensaba en otra cosa.

Salieron cuatro negros medio desnudos y me preguntaron a grandes voces qué camino llevaba y qué vendía.

Les contesté ya al galope, porque en realidad antes de pronunciar una palabra, ya había picado espuelas. Entonces me siguieron a todo correr, y como el camino era angosto y accidentado y el monte espeso los caballos no podían desarrollar mucha velocidad, y uno de los morenos logró asirse a la cola del caballo de carga. Éste, en un impulso repentino, la hizo soltar, y al instante le largó un par de certeras coces que lo voltearon y lo dejaron tendido sobre la carretera. Continué la marcha decidida a no apearme, y vuelta constantemente hacia atrás con el revólver buscando un blanco —un negro, si se me permite el juego de palabras— que surgiera. Creo, aunque no estoy muy segura, que las coces del animal me habían salvado de un verdadero peligro, pues creo recordar que el hombre volteado por los cascos de la bestia llevaba en una de sus manos una afilada cuchilla cuando lo agarró por la cola. Quizá pretendía desjarretar al caballo, que es tanto como inutilizarlo y matarlo. La zona de los negros, por llamarlos así, se extendía hasta el Borde, y en el tramo vi otras gentes de color que me saludaban con aire pacífico, lo que demuestra una vez más que entre toda clase de gentes hay pillos y hay personas buenas.

No debe olvidarse que la población de raza blanca pura colombiana comprende el 25 por ciento, que la de los negros se calcula en un 2,5, los indios puros en un 5, y la mezcla de indio y negro en un 15. Siendo los más numerosos los mestizos de indio y blanco, raza inteligente y de muy buenas cualidades. Creo que con todas las mezclas, en estos países sudamericanos se forma otra verdadera raza.

Después del tramo que digo, mi alazán comenzó a resentirse de una enfermedad de aspecto inquietante. Una como sarna maligna que le hacía rascarse y revolverse con desesperación. Se arrancaba así los pedazos de carne y de piel. Me dijeron que lo producía cierta planta, y el caso es que con el calor sofocante que padecíamos y la terrible irritación el animal movía a piedad con sus sufrimientos.

Pero —ya es ocioso decirlo— como quiera que fuese no podíamos sino seguir.

Pasamos por Popayán, donde se conservan verdaderas joyas arquitectónicas de auténtico carácter colonial, como la iglesia de Santo Domingo, entre otras. Tiene excelente clima de dieciocho grados como temperatura media, y conserva un carácter español desde su fundación por Sebastián de Benalcázar.

Hubiera querido estar de mejor humor para contemplar tales reliquias del pasado, pero el estado de mis animales, sobre todo de *Chiquito*, me apenaba y obsesionaba. Se le hinchó el vientre de tal modo que le colgaba con un volumen monstruoso. Se me partía el alma. Buscaba veterinarios por todas partes. Los pocos que hallé no supieron reducir la hinchazón de la bestia. ¿Qué hacer? ¿Es que un destino adverso pesaba sobre mis cabalgaduras? Nunca dejé de tomar todas las precauciones para mantenerlos sanos. Cuando encontraba agua en algún lugar los bañaba y enjabonaba refregando hasta el cansancio las partes de la piel afectadas por la sarna o por la garrapata. Y esta última no fué siempre una plaga exclusiva de los caballos, pues varias veces me atacó a mí, y en verdad que no se la desearía a mi peor enemigo. Hay una garrapata pequeña que carcome metiéndose en la piel, y cuyo escozor y picazón irrita y desespera terriblemente.

Este tormento se prolongó hasta que descubrí, atendiendo a los consejos de unos indios de un rancherío, el medio de combatir el parásito. El remedio es la grasa de cerdo restregada prácticamente por el cuerpo entero. Calcúlese mi trabajo y desde que conocí la medicina para buscar por todas partes la dichosa y necesaria grasa, con qué embadurnarnos mis caballos y yo.

En cuanto a lo de *Chiquito*, tan alarmante, el encargado de la caballeriza del cuartel, en mi última localidad de asiento, me ofreció su solución:

—¿Tiene confianza en mí? Yo curo su caballo si se hace como yo digo.

Todo había fallado y no me quedaba otro remedio que dejar hacer. El caballerizo ordenó atar una de las patas del caballo con la mano contraria, y con una hoja de afeitar le dió varios cortes en el vientre, por donde comenzó a gotear un líquido purulento. Después se le aplicó nuevamente penicilina, y ocho días más tarde el *Chiquito* podía considerarse salvado.

Con preocupaciones de esta clase y con todo lo que se refería exclusivamente a mi raid, no había podido advertir los hechos políticos que conmovían al país por donde ahora viajaba. El contacto con esta realidad política, que yo ni conocía ni entendía, fué bastante brusco.

Caminaba absorta en mis reflexiones y se me adelantó en la carretera un camión con hombres armados que hablaban todos entre sí, como agitados, y en voz bien alta. Apenas me vieron, alguien dió orden de detener el camión, y en seguida me interrogaron de modo agrio y violento:

—¿Usted es liberal?

Sorprendida por la pregunta y tomándola al pie de la letra, respondí:

—Sí, soy... una persona liberal.

—¿Del partido liberal? —insistieron esta vez, verdaderamente furiosos.

Su actitud revelaba que no estaban dispuestos a tener contemplación alguna:

—Yo no soy de ningún partido. Soy deportista y además argentina. ¿Cómo quiere que sepa yo qué es lo que me pregunta?

—¿Y por qué lleva el pañuelo rojo?

Era cierto: llevaba un pañuelo rojo de lana sin que pudiera suponer que ello me embanderaba peligrosamente en partido alguno.

—Pero, en fin —les dije—, si tanto les molesta dénme otro de cualquier color para cambiármelo.

Los preguntones siguieron su camino y poco después los ocupantes de otro camión que pasaba, sin duda por el mismo motivo, se pusieron todos manos a la obra de arrojarme plátanos verdes con todas sus fuerzas. Me rompieron un sombrero de casco de corcho que llevaba y me dejaron señales de los golpes en todo el cuerpo. El caballo que montaba se espantó de aquella lluvia de proyectiles y cayó en la cuneta.

Luego, en el primer poblado, unas mujeres me aconsejaron preguntar en adelante por donde viajara quiénes dominaban la situación: liberales o conservadores. El distintivo de estos últimos era el azul, y convenía proveerse de un pañuelo de dicho color.

Pasé, con los trabajos de siempre, por las ciudades de Santander, Palmira, Buga, Tulúa y otras intermedias y menos importantes, y me desvié hacia Calí, en la ribera del río Cauca, hermosa ciudad moderna, populosa y muy visitada. Está a mil metros sobre el mar y es un puerto aéreo internacional y también de gran tráfico por el río Cauca. Tal vez se aproxime su población a doscientos mil habitantes. Me detuve el año nuevo en Sevilla.

Otro año. Mis planes se iban cumpliendo. El promedio de marcha, en general, era satisfactorio. Debería estar contenta. ¡Pero son tantas las leguas que quedan por andar!... Cualquier mapa señala regiones todavía inmensas. ¿Seré capaz de cumplir mi propósito?

Había atravesado las estribaciones de un macizo montañoso y el muy pintoresco valle del Cauca, y todo se mantendría en los límites de las dificultades ordinarias de mi viaje si no se añadiese la revuelta política en el país.

Después de la muerte del señor Gaitán, suceso de que se hicieron eco las noticias de todas partes, la gente estaba enardecida y solucionaba sus desacuerdos a tiros por las calles y por el campo.

Por aquellos días no tuve otro percance que el perjuicio ocasionado a mi raid por un herrador que "erraba", en el sentido de equivocarse, pues no daba una en el clavo como suele decirse. A uno de mis caballos le calzó la herradura muy chica, y tres días después no podía caminar. Tuve que arrancarle dichas herraduras y dejarlo toda una semana sobre el pastizal para que le creciese el casco, por que sin ello era un animal inutilizado. Después lo herraron de nuevo.

Tomé rumbo hacia Bogotá, siempre por un camino montañoso muy duro, que era preciso recorrer muy lentamente. En algunos pueblos se oía el toque de queda, lo que nos recordaba la implacable guerra civil. En uno de estos pueblos, yendo junto a la vía férrea, vi una estatua erigida a Gaitán. Pasó un tren, y desde el convoy balearon granizadamente a la estatua. Horas después, a la tarde, desfilaba la gente ante la misma estatua depositando ofrendas de flores.

En Bogotá se me recibió con toda clase de atenciones. Como solía ocurrir en las capitales, la prensa y los noticiosos habían propalado mi llegada.

En la capital de Colombia tuve que permanecer ocho días, durante los cuales pude admirar cuanto de espléndido posee la gran ciudad. Seguida siempre por curiosos y admiradores, recorría la avenida del Centenario, y contemplé la bella y espaciosa plaza de Bolívar, el Capitolio Nacional, la Ciudad Universitaria, y unas veces ascendiendo alegremente por el funicular de Montserrat o visitando la quinta de Bolívar, o por las calles de casas coloniales, pude grabar en mi memoria aquel gran centro de América del Sur, que no ha dejado de progresar desde su fundación por Gonzalo de Quesada. También alejándo-

me unos pocos kilómetros de la capital visité el salto de
Tequendama, sobre el río Bogotá, que se precipita sobre
un abismo vertical de cerca de ciento cincuenta metros,
como una enorme cola de espuma, rugiendo sobre las rocas. Una anciana indígena me afirmó que mirando muy
fijamente esa espuma, se veía la cara de Bochica, un dios
o benefactor de la raza chibcha.

La gente que traté era muy afectuosa y particularmente
culta. Muy abundante la clase de los poetas, la cual si
ha sido considerada en tono de broma como una plaga,
demuestra verdadero espíritu y sensibilidad. Conservo diferentes poemas que me fueron dedicados, y sobre todo
el de un estudiante que conocí en una agradable velada.

Mucho menos poéticos fueron mis engorrosos trámites
para obtener los documentos con qué trasladarme a Panamá. Tropecé con toda la falta de flexibilidad de los
funcionarios, que aplican las leyes, siempre con el mismo
rasero. Se me exigía pagar por adelantado el pasaje de
ida y vuelta y otros requisitos que demostraban la abso-
luta incomprensión de lo que es un raid como el que
yo estaba cubriendo. Una carta del embajador argentino
prometiendo que yo abandonaría el país panameño al
terminar la visación, pudo facilitar la entrega del docu-
mento, pero no sin un montón de gestiones y de idas y
venidas.

El trayecto que yo había hecho de Sevilla a Bogotá atravesando parte del país en sentido de Oeste a Este, de Valle
Colombia en adelante, fué por los pueblos de Caicedo-
nia, Calarca, Ibague, Oulanda, Flandes, Cundinamarca,
Salto y algunos otros pueblos y localidades. Atravé también el importante puente de Occidente el 11 de marzo
de 1953.

CAPÍTULO XVII

SEPULTADA EN LA SELVA

De Bogotá a Medellín marcho, casi en diagonal de Este a Oeste, como si describiera un ángulo que tuviese por vértice dicha capital. Atravesando poblaciones como Villeta, Mariquita —a la que llaman centro de la república—, y Manizales, capital en cierto modo de un centro cafetero, donde afluye en gran escala esta riqueza típica de la agricultura de Colombia.

Cuando mencionados los pueblos se diría que damos idea de un trayecto por frecuentes pequeñas ciudades, pero la mayor parte del tiempo el viaje transcurre por extensas regiones despobladas. De otro modo estos inmensos países sudamericanos habrían de tener una población de muchos millones de habitantes. Esta vez hasta Medellín se sucedieron regiones desoladas y muy penosas de recorrer.

A la salida de esta ciudad me di cuenta de que era seguida por gente de a caballo. No quise disminuir la marcha sino que la apuré, palpando la culata del revólver y pensando si se avecinaba algún mal incidente. Pero tuve que detenerme al oír una fuerte voz a mis espaldas:

—Pare los caballos, si no quiere que hagamos fuego.

Al obedecer la orden, comprobé que eran agentes policiales que me amenazaban con sus armas, y me extrañó mucho su tono agrio y amenazador:

—Deténgase inmediatamente —me gritaron.

—¿Por qué? ¿Qué falta he cometido?

—¿De dónde proceden esos caballos?

—Desde luego, los tenía antes de entrar en este país.

—¿Dónde los compró? ¿Cómo lo acredita?

—Me los regalaron altas autoridades en nombre de un gobierno.

Miraron de arriba a abajo mi aspecto, y uno de ellos dijo:

—¿Qué tiene usted que ver con autoridades y con gobiernos?

Todo esto venía a cuenta de un presunto robo de dos caballos, del mismo pelo de los que yo empleaba, pertenecientes a la Policía Montada. Me costó mucho convencer a mis interrogadores de quién era yo, después de exhibir papeles, documentos, firmas y recortes de prensa.

Cuando ya me dejaron en paz, advertí a uno de los hombres:

—Y si oyeran la radio o leyeran periódicos, se habrían enterado de mi paso y de quién soy yo.

El otro se dió una palmada en la frente:

—Ah, esa mujer maniática que recorre el mundo con dos animales.

Yo tuve en la punta de la lengua una contestación: "A veces con otros dos animales detrás de mí", pero en vez de eso, dije:

—¿Le parece raro?

Entonces el compañero intervino:

—Mira que una mujer cuando se empeña es capaz de todo.

Y se volvieron hacia su base.

Como era tan frecuente encontrarse con gente alzada y en son de guerra civil, no me faltaron percances de estos que relato.

En Santa Bárbara, como si estuviera escrito que se repitieran episodios semejantes, tuve que habérmelas con otro individuo, respecto al cual no quedó claro si era o no empleado policial. Dicho individuo, a caballo, me salió al paso para decirme que formaba parte de la policía colombiana y me conminó a volver detenida a Bogotá.

—Nada me prueba que usted sea policía —alegué—. Yo soy extranjera y no tengo por qué acatar su orden.

Echó mano a su arma y yo lo encañoné con la mía.

Es cierto que, aunque desabotonada y mal ceñida, la ropa que vestía parecía pertenecer a un cuerpo policial. Sin embargo, como le dije al resistirme, yo no ignoraba que por allí habían matado a empleados de la policía para vestirse con sus uniformes. El caso es que pude mantenerlo a raya, sin acercarse, a algunos metros, y que su indecisión, la que se prolongó un rato, permitió que pasaran algunas personas. Éstas me preguntaron si aquel sujeto me había causado algún daño.

—No —dije yo, con la confianza que me devolvía aquel grupo de gente decidida y como caída del cielo—, no me ha hecho nada, es un cobarde.

Los hombres le gritaron su indignación al del uniforme desabotonado, y las mujeres le chillaron aún más furiosamente. Ellas comprendieron mejor que los hombres lo que pretendía de mí y todas vituperaron su actitud, dando a entender que admitían la lucha política y sus consecuencias sangrientas, pero no que alguien se aprovechase de ella para cometer desmanes con personas extrañas a la contienda y, en mi caso, extranjeras. De todos modos, se hacían cada vez más frecuentes las incidencias "a mano armada", y ello me hizo pensar que mi revólver de calibre 38 corto no era muy seguro, por lo que consideraba necesario proveerme de uno verdaderamente bueno, y de un rifle o carabina, pues mis encuentros con fieras y con hombres, no precisamente en son de paz, aconsejaban armarse bien. El revólver lo vendí luego, al entrar en Panamá, y compré otro espléndido con su correspondiente caja de municiones.

En Medellín, población de abolengo, la gente que me recibió y atendió comentó mucho mi propósito de cortar por la selva, y me decían unos y otros:

—Ni hombre ni mujer pueden aventurarse por esa espesura de bandoleros que se ocultan por doquier.

Es verdad que con el nombre de bandoleros designaban los partidos en lucha a los contrarios que se alzaban y resistían, pero entre ellos no faltaban hombres de armas tomar y deseosos de un motivo para vivir sobre el terreno.

Entre los que insistían en Medellín en el gran peligro de mi condición femenina, algunos recordaron que aquellos hombres ocultos en la espesura veíanse forzados a largas abstinencias, y se producían hechos como el de una maestra que secuestraron para solazarse y de la cual nada se volvió a saber. Yo les decía riendo que hay una providencia para los que emprenden viajes como el mío y necesitan llegar a donde se han propuesto.

No me reía para mis adentros ni mucho menos me reí al leer en un diario liberal de la localidad que elogiaba mi odisea deportiva, algo así como una oración fúnebre: "Ojalá salga con vida la esforzada amazona"; y añadía unas consideraciones sobre el tema de que casi todos los que se internaron en circunstancias semejantes, o no se hallaron o fueron hallados muertos.

Abandoné Medellín, pero no mi propósito. Dejé la ciudad industrial, que se considera como la segunda de la república, dotada de muy florecientes clubes sociales y deportivos.

Aquí comienza la selva, la verdadera selva. Pronto comprobaré que todo lo que he creído monte espeso y poco penetrable, no era sino un artificio o un juego de niños. Si los declives y rocas de la cordillera impiden la marcha y amenazan con despeñarnos en el abismo, esta tremenda trabazón de maleza nos amenaza con sofocarnos y detenernos. Una vez dentro de la espesura parecería que nunca vamos a salir de esta imponente maraña. La naturaleza y la vegetación son cada vez más poderosas y más tupidas. Las espinas acechan siempre para desgarrarnos la ropa. Los árboles son tan gigantescos que la mirada se cansa si quiere contemplar la altura de las copas. Se entrecruzan los ramajes y los enormes helechos y las ramas más poderosas diríanse brazos de titanes que luchan entre sí. Y si los árboles son verdaderos cíclopes, otros enemigos mucho más insidiosos son tan pequeños que burlan la defensa cuando nos atacan: millares de insectos de las más diversas clases irritan y muerden a los caballos y no los dejan materialmente vivir. Los animales atiesan las orejas y muestran como miedo de que no podamos salir nunca de este mar compacto y verde.

La selva es agobiante porque no nos deja ver horizonte alguno. Yo quiero forzar la penosa marcha de los animales, cada vez más alarmada al ver que no se descubren señales de población.

Avanzamos cuarenta kilómetros sin ver otros seres que algunas alimañas cruzándose a la carrera en nuestro camino y pájaros selváticos que huyen con gritos agudos. Apenas tengo ya fe en mi orientación.

A la salida de un sendero tan estrecho que las ramas me azotan el rostro y se enganchan en el equipaje que lleva el caballo carguero, me encontré con una mujer alta y delgada, de facciones correctas pero muy curtidas por la intemperie, y que aparentaba unos cuarenta y cinco años. Tenía cierto aire enérgico y resuelto que no me extrañó en una pobladora de la selva.

Me miró atentamente mientras yo le preguntaba si quedaba muy lejos el primer caserío. Me respondió que, efectivamente, quedaba lejos, pero que podía quedarme a descansar en su ranchito. Éste se hallaba en un pequeño claro del boscaje, donde se habían talado unos troncos. Vivía allí, al parecer sola, con dos o tres vacas. No tenía pan y en su lugar me dió de comer un poco de tortilla de maíz. Cuando anochecía me senté junto al ranchito, después de haber acomodado los animales, y ella me sorprendió en momento en que, cediendo a ciertos pensamientos, yo me hallaba muy triste. Estaba, realmente, bajo la acción de una melancolía que me descorazonaba. Acaso estaban en lo cierto los que me aseguraron la imposibilidad de atravesar la selva. Eran ya muchas las veces que había tentado la suerte en mi gran aventura, y ahora la perspectiva se presentaba bien sombría, pues era extrema mi falta de recursos.

La mujer me tocó el hombro:

—¿Qué le pasa? Parece muy apenada.

—Sí, lo estoy.

—¿Tiene miedo?

—¿A qué negarlo? No puedo detenerme y me han dicho que la selva está infestada de bandoleros.

—¿Y les teme a los bandoleros?

—Puede imaginárselo.

—Pues yo soy la jefa de los bandoleros.

Y la mujer se irguió con naturalidad pero no exenta de cierto orgullo.

—¿Eso es verdad o lo dice en broma?

—Es verdad.

Respondí lo único que a mi entender había que contestar:

—La felicito. Me parece muy bien que las mujeres sepan estar en su puesto.

Me informó que los llamados bandidos eran liberales en fuga y ocultos en la selva.

Una vez que hubimos descansado los animales y yo, al saber la jefa que necesariamente había de partir, me dió unos consejos para el camino y me dijo algunas de las palabras que consideraba más eficaces para atravesar territorio rebelde. Me recomendó sobre todo que no aceptase ninguna escolta de tropas para protegerme, pues los tiradores estaban entre la maleza y entre los árboles y donde menos se podía esperar, y hacían fuego sobre los conservadores uniformados y sobre quien los acompañase. Era preferible seguir sola sin el sombrero en la cabeza para que se viera mi condición de mujer, circunstancia ésta que hacía improbable toda participación en la empresa de perseguirlos.

Me despedí de la aguerrida bandolera con un apretón de manos y proseguí a través de la espesa vegetación.

En el primer puesto militar que encontré, el teniente me ofreció la compañía de unos cuantos soldados en vista de la abundancia de maleantes que había en la zona. Yo se lo agradecí excusándome:

—Prefiero ir sola. Yo me entiendo con los bandoleros de la selva.

El teniente se encogió de hombros muy extrañado de mi preferencia. Uno de los soldados me dijo cuando me iba:

—Ha hecho usted bien; yendo todos juntos nos hubieran mareado a tiros. Esa gente se esconde como los lobos, y no se sabe desde qué sitio dispara.

De no haber mediado ese peligro del tiroteo liberal, bien me hubiera venido la compañía de unos cuantos soldados para ayudarme a abrir brecha en muchos lugares, a través de aquella selva sin fin.

Pasé por donde se estaba construyendo un tramo de la carretera panamericana. En aquellos momentos no se trabajaba, pero encontré allí todas las señales de una intensa labor. Pues no ha de olvidarse que el planteo de una carretera en terreno de tales condiciones es, como se suele decir, obra de romanos. Es preciso abatir primeramente la naturaleza bravía e indomable.

Y ya por días y más días, jornadas y más jornadas me interno en la selva colombiana que especialmente en las regiones de Debeina y Urabá no es menos imponente, quiero suponer, que cualquier jungla espesa del mundo.

Aquí, la selva se va haciendo impenetrable y se cierra como una masa verde que vista de cerca se ofrece con una rica diversidad de trazos y colores. Hay que mirar hacia arriba, doblando el cuello, para ver la luz del cielo en pequeños espacios, cuando puede verse, pues en grandes extensiones no se muestra a nuestros ojos. Pareciera que los árboles más corpulentos se traban en una lucha enconada, empleando sus brazos de gigantes. La urdimbre y entrelazamiento de las plantas parásitas, aprietan a los troncos con tremendo vigor. Apenas se sabe si el sol ha salido, pues sólo de vez en cuando atraviesa el follaje con sus rayos oblicuos. Es como la negación y la rebeldía contra todo cultivo cuidado y ordenado. Nos impresiona hasta agobiarnos esta exhuberancia sin medida y tan poderosa que parece recordarnos la fuerza de la creación, haciendo crecer todo ante nuestra vista. Nuestra pobre figura se achica aplastada por esa exhuberancia. Creemos percibir un rumor sordo como si toda la selva se devorase a sí misma.

Para no perder las estrechas sendas, una de las cuales encontré cerrada por enormes troncos de árboles que parecían haber sido derribados allí con el propósito de cerrar el paso a todo mortal, se hace necesario ir con mucha atención.

Con los caballos del cabestro, tengo que hacer esfuerzos inauditos para que logren pasar dando rodillazos y enderezándose después de innumerables resbalones.

Unos relinchos agudos y empavorecidos de *Chiquito* me recuerdan los de otras veces, cuando barruntaba pumas o jaguares. El gritar de los pájaros, que se había hecho ensordecedor de pronto, también parecía anunciar la proximidad de grandes bestias feroces. Los jaguares trepan a las ramas de los árboles muy ágilmente y alborotan a las aves.

En una ocasión en que me desvié de la estrecha senda que recorría pude oír unos gemidos o quejidos extraños y muy débiles para ser de una alimaña; entreabrí la maleza y pude ver un par de cachorros de jaguar que se revolcaban y gañían con esa gracia de movimientos propia de la edad en estos animales. Por un momento me encantó verlos tirando zarpazos inofensivos al aire, pero a *Chiquito* y a *Furia* les hacía muy poca gracia y daban tirones de las riendas y querían retroceder doblando las patas traseras. Vi tanto terror en los ojos de los caballos que deduje lo inminente del peligro. Se oyó rugir con fuerza. Sin duda acudía la madre de los cachorros.

Pensé en un instante que más eficaz que las balas de mi revólver era, para nuestra defensa, el ruido de sus detonaciones. Y, como primera precaución, alejarme cuanto antes de los cachorros.

Pero antes de poner en práctica mi plan, oí un ruido terrible y vi que un jaguar se encaramaba de un salto, como una centella, a la rama robusta del árbol más cercano a los cachorros y al lugar en que yo y los caballos estábamos. Con toda seguridad era la madre de las crías, un animal enorme y fuerte que, a pesar de la distancia, parecía resollar sobre mi mismo rostro. Casi no se podía dudar de lo que ahora iba a suceder. Enfurecida la tigre por el peligro en que suponía a sus cachorros, no era de esperar sino que saltase sobre nosotros. Casi como una autómata y sin otra idea fija, disparé las dos balas que quedaban en el cargador. No dispuse de tiempo suficiente para buscar en la bolsa un repuesto de municiones.

Súbitamente, apenas hecho los dos disparos, resonaron como respuesta no sé si un centenar de disparos, un verdadero estruendo. Las balas pasaban silbando muy cerca. Se partieron algunas ramas del boscaje. El tiroteo sorprendió y sobrecogió a la fiera del árbol. Nada digamos de mis caballos que ya, a la vista de la fiera, habían quedado paralizados uno contra otro, mezclando el temblor de sus cuerpos.

Como si todos los actores de aquella escena nos hubiéramos puesto de acuerdo, nos aprestamos a evitar las consecuencias del fuego que se nos hacía. El jaguar se deslizó por su rama hasta casi ocultarse, acurrucado, tras el árbol, y como queriendo no ser advertido. Pude lograr que los caballos obedecieran a los gritos habituales, con que los hacía tumbarse en el suelo, y yo también lo hice así.

A fe que era tiempo, pues los tiros aunque más intermitentes sonaban mucho más cerca. Creo que la fiera sentía el instinto imperioso de huir, pero dudaba, contemplando allí cerca a sus cachorros. Se abrió la espesura y apareció un grupo de hombres armados de rifles y fusiles, seguido de otros guerrilleros que iban llegando y que compondrían un total como de cuarenta o cincuenta hombres. Algunos de ellos se corrieron prontamente, describiendo un pequeño semicírculo y formando un poco numeroso destacamento del grueso de la fuerza, que me encañonó y sujetó por las riendas a los caballos. En medio estaban los cachorros, en lo alto, la fiera, que ni avanzaba ni se alejaba. Uno de los guerrilleros —lo llamo así por su vestimenta original, sus cartucheras y sus armas— se adelantó hacia los cachorros de tigre y los golpeó con la culata del fusil. Ellos gruñeron desesperada y lastimosamente. No sé si habían visto los del grupo al jaguar, pero de todos modos, yo señalé hacia el sitio en que se encontraba y grité: "¡Cuidado, cuidado!" Pero no hubo tiempo para nada, porque todo pasó en menos que se dice. La fiera se replegó sobre sus patas y con un salto que había concentrado todas sus fuerzas cayó sobre el hombre que golpeaba a las crías. Era un solo animal y muchos guerrilleros, mas la confusión indescriptible del primer momento impedía que fuera auxiliado eficazmente aquel sobre el cual saltara la fiera. Cayó a tierra como si fuera un muñeco de trapo, y creí con horror que lo despedazaría en unos instantes. Los otros reaccionaron y algunos macheteaban al animal y disparaban sus armas con dificultad de precisión por temor de herir a la víctima.

Aquella escena pareció prolongarse durante horas, pero en realidad se desarrolló en un abrir y cerrar de boca. El epílogo fué la muerte de la fiera, acribillada por fin a balazos y cuchilladas y tendida en la maleza después de agitar con furiosos estertores las patas en el aire. Y también la casi segura muerte del hombre, pues se lo llevaron como un guiñapo sanguinolento, con un brazo colgando, casi sin sostén en el cuerpo y con terribles y profundas mordeduras.

CAPÍTULO XVIII

CON LOS GUERRILLEROS

No volví a saber de aquel hombre porque se lo llevaron en dirección contraria a la nuestra. Digo la nuestra, porque a mí también me condujeron los hombres armados para, según se expresaban, hacerme preguntas y saber con certidumbre qué hacía en la selva.

—Llévenme donde quieran —les rogué— y pregúntenme lo que quieran, pero atiendan mis caballos.

En un claro de la espesura acampaban los bandoleros. Digo bandoleros porque así se les llamaba generalmente.

El que parecía de más autoridad, un hombre que pasaba de los sesenta años, de cabello crespo y blanco y facciones no desagradables, me hizo objeto de numerosas preguntas. Al argüir yo mi condición de extranjera protegida por mi gobierno, contestó que estaban hartos de gobiernos y órdenes de gobiernos, y que, siendo muy respetables mis propósitos de hacer un raid por América, por el momento tenía que quedarme con ellos en la selva, pues no les convenía en modo alguno que una persona pudiera indicar, aunque fuese a título de simple información, los lugares donde acampaban y evolucionaban.

—¿Y a qué llaman por el momento? —inquirí.

—Pues... a que no hay prisa; los días, o los meses que

hagan falta. Se buscará comida para tus caballos y tú comerás lo mismo que comemos nosotros.

Como se puede suponer, la perspectiva de aquella demora forzosa e indefinida era inaceptable para mí. Aleccionada por una sabia filosofía me dije para mis adentros: "A grandes males, grandes remedios." En las circunstancias aquellas sólo cabía callar; no aceptar, pero tampoco protestar. Entre tanto, iría preparando la fuga. Yo comprendí en seguida, que ella resultaría peligrosa y difícil dada la suspicacia de los hombres que me habían aprisionado. Esperé la noche para realizar mi propósito, pero cuando llegó debí postergar mi audaz tentativa, pues noté un agitado ir y venir de mensajeros y apenas alguien durmió entre las fuerzas del cabecilla.

No sucedió así durante la noche siguiente. Casi todos dormían y no se me vigilaba mucho. El jefe creía haberme convencido cuando me hizo notar que sería la mayor de las locuras alejarme de ellos sin la protección de unos hombres.

Durante mi forzosa espera, traté de informarme acerca de los senderos de la selva y de los caseríos que tenía anotados en mi itinerario, pues no me fiaba mucho del viejo adagio que asegura aquello de que "preguntando se llega a Roma". Claro está, sin embargo, que por ser el hombre animal de costumbres —y yo no era excepción a esta regla— en el lapso ya transcurrido de mi raid me había habituado a llegar a un pueblo después de otro, a fuerza de preguntas sobre la marcha; y como siempre, por muchas que fueran las vacilaciones y las dudas, había conseguido lo que me proponía, tuve finalmente la impresión de que en el más apartado desierto ocurriría lo mismo.

Durante el día aquel, en compañía de algunos guerrilleros, anduve por las inmediaciones del sitio donde acampaban, tratando de fijar en mi memoria la parte del camino más favorable, por lo menos en cuatro o cinco kilómetros. Me urgía mucho apartarme de mis "protectores" entre otras cosas por el miedo a que llegaran a codiciar mis caballos, aunque quedó establecido en honor a la verdad, que uno de los hombres al sorprender mi mirada de gran zozobra cuando él contemplaba los animales, me dijo que para su gente eran bestias de poca utilidad porque se mueven demasiado si, como suele ocurrir, hay que esconderse en la espesura.

Mi plan de escapatoria estaba trazado. Como ellos no tenían caballos yo pondría los míos a la carrera por aquel camino que consideraba relativamente transitable. Cuando el camino dejara de ser transitable, trataría de orientarme y de avanzar hasta el primer caserío, siempre descontando leguas de aquel largo trayecto selvático.

Efectivamente, a media noche ensillé con sigilo sin que los caballos se pusieran de pie, y me alejé sola hasta la entrada del camino. Un silbido tenue que mis amiguitos comprendieron bien, bastó para que se levantasen y despacio fueran a encontrarse conmigo. Entonces monté y puse a los animales al trote más veloz. Pronto se oyeron las voces del "¿quién va?" de los centinelas y unos disparos.

Al poco tiempo noté que los disparos no se repetían y pensé que podían ocurrir dos cosas: que me dejaran en paz, entregada a mi suerte, o que al rayar la aurora organizasen una partida para que me persiguiera, pues de noche seguramente no lo harían.

Al día siguiente no advertí señales de que se me persiguiera. Me hallaba en una crítica alternativa: la conveniencia de no encontrar gente por temor a ser delatada y la necesidad de encontrar a alguien que me orientara.

Opté por lo enunciado en primer término. La soledad se prolongaba. Los caballos iban inquietísimos después de las vicisitudes pasadas. *Chiquito* relinchaba medroso a cada momento, por temor a las fieras, daba respingos y apenas obedecía a la brida.

Yendo desmontada y llevando del cabestro a dicho ani-

mal, pisé en falso sobre unas hojarascas que disimulaban
un pozo de agua fangosa. Me hundí hasta el pecho, y tuve
la sensación de que me seguiría hundiendo. Llena de pavor me aferré al cabestro del caballo. Pareciera como si
Chiquito hubiese comprendido lo que tenía que hacer.
Retrocedió lentamente con el cuello bien tenso tirando
de mí y fuí saliendo poco a poco, mejor dicho, me fué
sacando el animal de aquel limo semilíquido del pozo.
Cuando yo pude valerme de las rodillas para afirmarme
en la maleza, respiré profundamente como quien se ha
salvado de algo grave.

No era lo sucedido extraordinariamente grave, pero
sí un contratiempo. *Furia* se alejó durante el episodio sin
que yo pudiese obtener un relincho en respuesta a mis
llamados. Tuve que montar en *Chiquito*, dispuesta a cruzar en todos sentidos aquellos vericuetos infernales, con
muy pocas esperanzas de encontrar lo que buscaba. Observé que *Chiquito* no obedecía a la rienda y parecía
gobernarse por sí mismo. Entonces comprendí que lo mejor era dejarlo hacer. Y ya con la rienda floja, quizá
sintiéndose más seguro, anduvo hasta llegar a un sitio
donde se hallaba *Furia* trabado y cercado por unos enormes arbustos.

Las copas de los árboles eran allí tan compactas que
tapaban siempre el cielo y el sol, precisamente cuando
tanta falta me hacía algo de este último para secar mis
ropas mojadas y pringosas. Descubrí, empero, un pequeño
claro, que permitió que mis ropas se secaran.

Después me ocurrió lo peor que podía ocurrirme, y es
que se me ofrecían varias sendas y yo no sabía cuál era
la más conveniente. Avanzaba la tarde, y entre tanteos
y rectificaciones en la elección del camino se me echó
encima la noche. Intenté hacer un alto y dormir un poco,
pero no podía conciliar el sueño. La selva sobrecoge, durante la noche, más que a la luz del día. Se puebla de
rumores que nos hacen pensar en una fermentación de mi-

llones de pequeños seres. Se oyen de cuando en cuando ruidos inarticulados, siniestros: gritos penetrantes, y no se sabe si los que los producen se hallan lejos o cerca de nosotros. El silencio poblado de sordos rumores nos va afinando el oído y nos parece percibir la respiración de los felinos, y el lento triturar de los roedores, y el deslizarse frío y viscoso de los reptiles, y el zumbar de los innúmeros insectos. Por otra parte, fuera de estas impresiones, la legión de mosquitos no me hubiera dejado dormir.

Avancé todavía por una senda, poniendo mis cinco sentidos en no desviarme de ella, y casi a media noche di en unas chozas de negros que me recibieron bien y me atendieron según sus pobres recursos. Conseguía un poco de arroz sin descascarar para los caballos, y para mí algo tan imprescindible como un mosquitero que me permitió dormir, lo que me hacía mucha falta.

A la mañana, por boca de los negros, supe que me hallaba en una zona plagada de bandoleros, o guerrilleros, según se los quiera llamar. En efecto, al continuar la marcha con la orientación que un poco a la buena de Dios me proporcionaron los negros, encontré en pocas horas dos o tres campamentos de refugiados en la selva.

En ningún caso pude precisar a qué bando pertenecían, y cuando observaba más regularidad en los uniformes llegaba a la conclusión de que eran oficialistas o gubernamentales.

A veces me acompañaba un hombre de uno de los bandos a que me refiero, hasta el primer campamento, pero esto se acabó al fin y proseguí sola, estrujándome siempre la memoria para poder recordar los detalles que se me habían dado para orientarme.

Se presentaban ríos o brazos de desagües, trochas impracticables y unas ciénagas de barro negro que era preciso sortear en todo instante.

En cierto momento los caballos se hundieron en un

barrizal de los que abundaban en esa zona de ciénagas.
Cuanto más esfuerzos hacían para salir, más se hundían
en la ciénaga. Sólo asomaban parte del lomo y los cuellos
y las cabezas, y tuve la sensación de que los perdía para
siempre. Corrí sin cuidarme de que las ropas se engan-
chaban y mis carnes se desgarraban en la maleza, hasta
el último campamento por el cual había pasado y pedí
auxilio, en el más patético y lastimero de los tonos que
pudiera convencer a cualquier clase de hombres. Éstos me
acompañaron con cuerdas, y con el auxilio de ellas y después de infinitos esfuerzos conseguimos izar los animales,
como se saca a enterrados en vida.

Mareada después de tantas vicisitudes, ya reanudada la
marcha, acabé por perderme completamente en el dédalo
de la selva. Es enloquecedor no saber hacia cuál de los
puntos cardinales se camina. Queremos guiarnos por una
clase de árboles o de arbustos y la encontramos repetida
aquí y allá. Por otra parte, desearíamos ahorrar todo vaivén para intentar pequeñas exploraciones, pues cada veinte metros de recorrido es una lucha con la espesura, con
los ramajes que nos azotan, con la hojarasca y las raíces
y las trampas del suelo.

Se me había dicho en el último campamento que el
oficial iba a disponer mi búsqueda por los soldados si no
tenía prontas noticias de mi paradero o de mi paso por
sitios determinados. Por ello al oír descargas de disparos
no podía precisar si eran de los dichos soldados a que me
he referido para que los oyese y los localizase, o si se trataba de una de las tantas escaramuzas o combates de los
que se trababan entre los dos bandos también mencionados en estas páginas.

El ruido de los tiros se apagó y yo seguí extraviada
bajo el agobio terrible de la verde masa de la selva. No
tardó en llegar el momento en que fué imposible avanzar dos metros sin rasgar primeramente dicha masa. Durante algún rato me ocupé con mis manos de apartar

ramas y maleza, y la piel de aquéllas quedó curtida y llena de rasguños sangrantes.

En un claro con agua que parecía estancada, me saludaron desde una cabaña tres hombres. Advertida ya de lo que allí ocurría, no quise preguntar quiénes eran ni qué hacían allí, ni si pertenecían a alguno de los dos bandos en lucha. Conseguí que uno de ellos me acompañase para abrir picada con su pesado y filoso machete, no sin rogarle que me dejase manejar otro para secundarlo en la tarea. Yo lo hacía mucho más torpemente y admiraba la rapidez con que hendía en sus cortes las matas y arbustos que era necesario cortar para abrirme paso.

No obstante, después de unas horas de aquel trabajo tan duro, al ir entrando la noche, el hombre se plantó y me dijo:

—Yo me vuelvo, no puedo seguir; creo que usted debe hacer lo mismo.

Ni por asomo pensaba en hacerlo. Ya tenía el hábito de estos lances, en que guías y acompañantes me dejaban en la estacada. Con el resultado, naturalmente, de que sea como sea cada vez se avanza más, y ello constituye un progreso en el raid.

Otra vez sola y con la noche horrorosa de la selva en torno. Recuerdo aquellas horas en la oscuridad impenetrable, como una de las crisis de desaliento y desolación que algunas veces me hicieron pensar en la imposibilidad de seguir adelante. Lloré, besé a los caballos derramando lágrimas sobre sus hocicos. Los gritos y aullidos nocturnos de la jungla me infundían pavor.

Tuve que acostumbrarme también a dominar el miedo, lo que no logré del todo. Pasé dos meses en aquella selva, cuyas dos terceras partes transcurrieron en la soledad y en la desorientación. Algunos días eran tales mi abandono y la necesidad que, apurada por el hambre comía flores de las que tanto abundaban por allí. Yo había preguntado a los chiquillos de algún rancherío, cuáles eran en general las flores menos dañinas para el estómago, aunque la información no era muy suficiente. El hambre acaba con todas las dudas y remilgos. No me sirvieron las flores sólo de alimento, en las pocas ocasiones en que tuve que comerlas, sino de espectáculo encantador a veces, sobre todo las orquídeas, de formas retorcidas, de muchas tonalidades, que trepaban en busca de la luz por las altas ramas de los árboles.

El ejercicio de esta vida selvática me habitúa a los pequeños y grandes incidentes, a los cuales me seguiré acostumbrando en las selvas de Centro América que me aguardan. Por ejemplo, la primera vez que una de las arañas llamadas pollito saltó sobre mis rodillas, cuando me hallaba tumbada y acababa de despertar del sueño de aquella noche, di un salto y un grito que nadie, salvo mis caballos, pudieron oír. Tenía el tamaño de un cangrejo o de un sapo de grandes proporciones y sus patas peludas producían un escalofrío de repulsión. Me llevé un susto mayúsculo, pero poco a poco les fuí perdiendo el miedo a estos animales y me repugnaron menos; a tal punto adquirí el hábito a que me refiero que en algunos casos hasta me entretuve en admirar la variedad de sus colores.

Solamente me preocupó de ellas lo que pudiera tener de peligrosa su mordedura para los caballos. Como preventivo, solía untar con ajo la parte inferior de sus patas, pues se me había encarecido la propiedad que tenía el olor de esta planta de alejar a las arañas así como a las pequeñas víboras y otros animales dañinos.

CAPÍTULO XIX

TEMPESTAD ENTRE PIRATAS

Aquí se me plantea un problema que atañe directamente al raid y a su integridad deportiva. No se puede salir de esta región ni pasar a Panamá, próxima república del itinerario, sin embarcarse y hacer la travesía del golfo. Sobre este gran codo de la tierra colombiana están el inmenso mar Caribe y el golfo de que hablo.

Me torturé la mente pensando cómo podría evitar que se interrumpiera la marcha por tierra de los caballos. Me hice el propósito de regresar a Medellín para largarme desde esta ciudad a Barranquilla o alcanzar Cartagena, después de bordear el golfo. En las orillas de éste los animales y yo comimos alimentos inverosímiles, pero no quiero insistir en este aspecto de la dificultad de hallar qué comer en zonas despobladas.

Por si algo faltaba para agravar mi malestar, me atacó un fortísimo dolor de muelas que me torturaba sin cesar. No es éste un hecho de trascendencia en un viaje como el mío, pero pueden creerme los lectores si les digo que no pude olvidarlo. En un ranchito la casualidad me deparó un médico, pero no me deparó dentista. El médico a que me refiero carecía de instrumental: me mostró una tenaza de arrancar clavos por todo pertrecho y me entregué a sus manos y a sus fuerzas.

Con una muela menos, y muy dolorida, tomé la única decisión que permitían las circunstancias. Por tierra era absolutamente imposible continuar. En Turbo encontré un motovelero destinado usualmente al transporte de bananas y cuya derrota era la travesía del golfo. Se llamaba el "Santa Lucía". El primer conflicto se planteó al embarcar los caballos, aunque ayudó en la faena toda la gente del rancherío. Empleábamos una roldana, pero la operación parecía que no iba a tener nunca el éxito apetecido. A veces los caballos caían en el agua y yo me llevaba las manos a la cabeza casi arrepentida de aquella maniobra de embarque. Al cabo de tres horas se logró instalar a los heroicos *Chiquito* y *Furia* en el velero. Era éste un barco de ciento cincuenta toneladas, tripulado por unos hombres de gesto poco tranquilizador y gesticulantes, que se movían en desorden y sin disciplina. Un llamado señor Ulises hacía de capitán. Por sus disputas y conversaciones pude deducir que se habían amotinado y prescindido violentamente del capitán —creo que por ser conservador—, y no tenían ningún propósito claro ni ganas de caer en manos de las autoridades.

Yo no debí arrostrar los peligros que implicaba este viaje con gente desconocida, pero lo cierto es que no tenía más remedio que resignarme a una solución que me dictaba la carencia de dinero, ya que había acabado con los pocos recursos que me quedaban.

Agravó la situación una tormenta en el golfo. La pequeña embarcación, azotada en sus costados, barrida su cubierta por el agua, oscilaba peligrosamente en medio del huracán. Los caballos se escurrían y se golpeaban bárbaramente con el vaivén del barco. Oí las medias palabras de algunos tripulantes que luchaban por sostenerse en cubierta y comprendí que tramaban lo peor: el peso de mis animales era embarazoso para la embarcación, zarandeada por el temporal, y habían pensado tirarlos al agua y aligerar así el velero.

Yo grité con todas mis fuerzas, increpándolos y tratando de dominar con mi voz el ruido del viento. Los caballos gritaban también lastimeramente, como si se tratara de seres humanos que se hallaran en una difícil situación. Con los bandazos iban cediendo las bordas del barquito, próximas a romperse. Los relámpagos, como latigazos, iluminaban de cuando en cuando la escena y me dejaban ver a mis caballos patas arriba, golpeados y enloquecidos.

Mis gritos y mis amenazas habían ejercido alguna influencia en la gente de a bordo. Yo deseaba que oyese mis protestas y mis razones el que hacía de capitán. Pero éste se había encerrado en la bodega pretextando hallarse enfermo, y no quería oír nada.

Recuerdo la figura de una viejecita que no sé por qué se había embarcado en el velero, y que empapada y refugiada del temporal como mejor podía aun tenía fuerzas para gritarme:

—Sálvese usted y no se ocupe de los caballos.

Tanto extrañaba a la anciana mi actitud, que a la luz de uno de los relámpagos la vi santiguarse y pude oírle decir:

—Ave María, ni que fueran cristianos esos animales, para arriesgar la vida por ellos.

Comprobé que aquellos navegantes improvisados estaban desorientados. Uno de los marineros, un negro, trepó al mástil azotado furiosamente por el huracán. Sin duda descubrió y señaló el refugio de una bahía que nos sirvió para fondear en mitad del derrotero.

Amainó la tormenta y llegamos a Cartagena, donde los tripulantes se las hubieron —creo que bastante mal— con las autoridades. A mí, una vez identificada, me dieron trato muy diferente.

En Cartagena se repitieron las dificultades consabidas, propias de las gestiones que hay que realizar en las fronteras al pasar de un país a otro. Esta vez, agravaba la cuestión mi falta de medios económicos, pero la travesía era indispensable. Sólo por ser humana y materialmente imposible pasar a Panamá bordeando el golfo, sin dejar el camino por tierra, consentí en embarcarme, y quiero no omitirlo, para que en la historia de mi raid conste el último tramo del viaje que realicé con los caballos embarcados. Permanecí, empero, cuatro meses en Cartagena.

Cartagena de Indias queda en mi recuerdo como una joya de la tradición americana. Su parte antigua, la verdaderamente típica, ceñida por las recias murallas que construyeron los españoles y desde las cuales se defendió la ciudad de los asedios de corsarios, ejércitos ingleses e intentos de invasiones.

El terreno a que acabo de referirme, el que he tenido que renunciar a recorrer, es una zona salvaje e intransitada, de ciénagas interminables, de regiones inundadas, de montes impracticables, equivalente a una muralla que una persona como yo, y menos con los caballos, no hubiera atravesado jamás. Aunque la determinación de embarcar fué tomada por indudable fuerza mayor, deseo que esta breve parte del itinerario figure aquí tal como fué realizada.

Y para referirme al problema concretamente monetario, supe que la travesía de Cartagena a Colón, en un barquito que efectuaba tal servicio, valía quinientos dólares, cantidad para mí entonces astronómica. Tanto podía yo en aquella ocasión pagar tal pasaje como comprar en mi tierra todas las estancias de la provincia de Buenos Aires.

Gestioné algún modo de garantía con la recomendación directa del gobierno argentino y el reconocimiento de la naturaleza de mi viaje. Pero nada; no hallé nada más que negativas rotundas.

Volví a Medellín, esta vez en avión, ya que los caballos quedaron descansando después de cubrir definitivamente la etapa. Después de todo, no hago sino emplear el medio de transporte, puede decirse, más popular en estos grandes países sudamericanos de extensas zonas selváticas y accidentadas, donde los propios indios tienen el hábito de trasladarse en avión, a veces con sus bolsas y fardos y hasta con sus gallinas, y acudo sobre todo al Club

Por Alabama, bajo la lluvia.

*Con indios de Guatemala durante el festival de
San Pedro Néctar.*

Hípico. Se me ayuda generosamente para activar mis gestiones en estas circunstancias, y la persona más empeñada en llevar a la práctica tal ayuda es la señora Luz de Gutiérrez. Es bueno advertir que acepté esta clase de auxilios para casos realmente excepcionales y en ningún caso abusé del recurso: por ello mi continuo agobio económico hizo mucho más penoso mi itinerario.

De nuevo me encontré en Cartagena. La selva de los inconvenientes cuando no se va en despoblado y a caballo es casi tan enmarañada como la selva de verdad. "En modo alguno la dejarán desembarcar por causa de la aftosa", me dicen en todas partes. "Mis caballos nunca han tenido aftosa", contesto yo. Pero las disposiciones son disposiciones.

Me determiné entonces a buscar suerte en la Misión Naval Norteamericana, donde se me dijo que comunicarían el caso a las autoridades de Colón, lugar desde donde contestaron prometiéndome toda clase de facilidades. Y para ver si eran tantas y de verdadera utilidad, me embarqué hacia allí en una pequeña nave de carga. Pequeña y sin ninguna comodidad, especialmente para los caballos, que viajaron sobre unos hierros resbaladizos y sufrieron como habían sufrido en todas las travesías. Con razón, cuando ven el agua y un barco o una lancha sobre ella, me miran airadamente como suplicando que nos quedemos para siempre en tierra.

Tras la breve navegación queda atrás Colombia, tan bella, tan variada, tan exhuberante y tan rica en episodios para mí.

A pesar del clima turbulento, propio de las revueltas, en el tiempo de mi paso por muchos de sus lugares tuve casi siempre en sus diferentes latitudes la ayuda de los hombres del país, incluso de los negros y de los mestizos y también de los indios, que descienden en su mayor parte, por lo menos los que yo he tratado, de los pijaos y panchos, ribereños del río Magdalena, ese río majestuoso que divide en dos la república.

Llegamos a Colón no sin muchos tanteos y dificultades, sobre todo para el embarque, pues en un principio nadie quería cargar a bordo los caballos y un barquito cualquiera pedía seiscientos dólares por admitirlos.

Henos aquí en tierra panameña y en zona norteamericana. Como viajo con moneda colombiana los trámites de desambarcar los caballos se hacen más engorrosos y casi insalvables. Ahora nos toca recorrer paso a paso el suelo de Panamá, como hicimos en otras repúblicas. En la primera parte del camino tuve la suerte de ser bien atendida en la chacra de un señor llamado don Roberto, a quien nunca olvidaré. Cansadísima por la marcha sobre montañas ásperas y por regiones boscosas, tuve que mantenerme en cama durante un par de días, tratando de curar mi desarreglo gástrico con un vaso de leche agria por todo alimento, cada mañana.

Después proseguí, otra vez por ásperas zonas montañosas. Tres días sin comer me quitaban mucho de mi ánimo, y así llegué a la pequeña cantina de un mestizo que nos atendió, a mí y a los animales, y no quiso cobrar el gasto que hice.

Un poco más lejos comprobé que no había dónde dejar los caballos, necesitados de atención. La gente de una cabaña me dijo que allá arriba, muy arriba, en la propia cima, residía un señor Pol que tenía influencias en todas las chacras y entre las familias de los alrededores. Los que me informaban de ello me advertían: "¿Y cómo piensa llegar allí con esos animales?" Como tantas otras veces no contestaba nada, pero pensaba para mí: "eso es cosa mía".

Describir la ascensión a la cima sería repetir el episodio narrado en otras ocasiones de nuestros difíciles escalamientos de montañas. Una vez coronado el gran cerro tropecé con un hombre de aspecto afable y campechano, vestido con sencillez campera.

—Busco al señor Pol. ¿Usted podría indicarme su paradero?

—Ya lo creo —contestó con franca sonrisa—; el que busca soy yo.

Fuí bien atendida, así como mis amigos los de crines y herraduras, y aquel buen señor tuvo la generosa idea de organizar entre sus amistades del contorno una lotería para reunirme unos dólares suficientes que me permitieran llegar a la ciudad de Panamá.

Permanecí en Panamá ocho días, en medio de los más amables agasajos. La prensa y la radio difundieron mi llegada y dijeron no sé cuántas cosas de mi odisea, y me dieron trato de heroína. En el Hipódromo, colmado de público, di una vuelta con mis caballos entre la aclamación general. No hay que ser muy vanidosa para encontrar cierta compensación en estos momentos de solidaridad y agasajo de la buena gente, y por esforzarse en borrar con ellos las penurias de las fatigas pasadas.

Atravesé el canal, el famoso canal que corta en dos el continente —y que me hizo el efecto de que también cortaba y dividía mi raid— por el llamado Puente Nuevo. Pasando por la Chorrera y Pononome, en Río Grande, tengo la satisfacción de ver a los niños de las escuelas públicas que se han formado a mi paso y que lanzan vivas a la República Argentina. Fué una emoción y una de las compensaciones de las cuales ya he hablado, la que me proporcionó el doctor Arias, presidente panameño y su señora, Ana Linares de Arias, en el almuerzo de agasajo que siempre recordaré. Me recibieron en su propiedad y cafetal "El Boquete", y entre sus obsequios figuró uno de índole económica con el cual podía aliviar un tanto mis penurias.

Después, para no perder la costumbre, otra vez la selva y el olvido de parabienes y facilidades.

En el lugar llamado Cañas Gordas, fronterizo con el territorio de Costa Rica, saliendo de la Concepción y atravesando el río Chiriquí Viejo —el paso de este río fué por un puente colgante muy peligroso que se movía como un barco de papel en el agua; se hizo necesario pasarlo llevando un caballo de tiro y después el otro—, se encuentra la zona selvática y montuosa con el sitio llamado por los naturales "Sal si puedes". Uno de los nativos me dijo que ni el demonio que bajara con dos bestias como las mías podría pasar por aquel paraje. Casi toda la gente, si no era tan rotunda, abundaba en la opinión de la casi imposibilidad de hacerlo.

Era un desfiladero, un trecho largo y emparedado entre peñas y vegetación retorcida. Pronto pude observar que probablemente no se podría salir del emparedado como reza su nombre, pero lo cierto es que no se podía retroceder. Una vez los caballos cortando la angostura hacia adelante y consiguiendo su avance lentamente, no eran dueños de volver sobre sus pasos. Continuos surcos de agua corrían por el lecho en que poníamos los pies. Los animales resollaban con mucha agitación, pero, por más que me compadeciese de ellos era necesario seguir sin detenerse buscando la salida del "Sal si puedes" tan temido.

Se pudo salir, sin embargo, en esta ocasión, y penetré en Costa Rica, ahora sin ninguna dificultad de papeles ni pasaporte, pues entré por una región donde no transitaban ni los aduaneros ni casi otros cristianos.

Caminos por donde no pasa nadie, fangosos de barro colorado, en que las bestias se meten hasta la panza.

CAPÍTULO XX

FURIA EN EL BARRANCO

En Caña Gorda empieza el proyectado tramo de la carretera panamericana que en esta región y en los días en que yo pasé por ella era un simple proyecto. Ahora me toca hundirme nuevamente en la selva y hasta he de rectificar mi idea de que la colombiana fuera la más impracticable de todas. Al menos aquélla tenía la caótica y peligrosa presencia dispersa de los guerrilleros. Aquí parece que ni siquiera haya alguien que necesite refugiarse. Además, se reúnen las características de la selva enmarañada y de los bruscos accidentes montañosos.

Esta región se halla poblada, si no de hombres, de aves de todos los colores, de insectos de todas las formas imaginables y de alimañas que con gran frecuencia bullen entre la espesura. También hay reptiles de las clases más diversas y los colores más variados, que se ven cruzar por las trochas. A veces sólo se entreven, pero la proximidad de una de las víboras es denunciada siempre por el respingo que dan los caballos.

Todo iría penosa pero pasablemente, sin embargo, de no mediar el accidente ocurrido a *Furia* en uno de los declives más empinados del monte. Yo iba rendida por haber tenido que abrir paso todo un trayecto de trocha a los caballos. Nunca había reparado en el enorme volumen de un caballo hasta ver a los míos sin poder andar por las estrechas sendas. Había tenido también que apartar troncos grandes, caídos y trabados; había de salvarlos pasando, como Dios nos diera a entender, sobre ellos. Mi brazo ya no podía sostener el machete, harto de cortar maleza. Pudimos ascender por una cuesta casi vertical, y fué entonces cuando *Furia* se escurrió y rodó hasta el fondo del declive. Di un grito penetrante coreado por una especie de loros que gritaron a su vez en lo alto de los árboles. No sabía qué hacer. Era necesario sujetarme allí, en la pendiente, y sujetar al mismo tiempo a *Chiquito Luchador* para que no cayera también.

Con *Furia* abajo, quién sabe en qué estado, y con su compañero junto a mí, pasé la noche en pie, pues ni el animal ni yo podíamos echarnos. Todo el mundo sabe cuántas horas tiene una noche, pero eso no da la medida de lo que tardé en pasar una como aquella. Jamás despuntaba el día. El cansancio de mis piernas corría parejas con el miedo. Todos los ruidos me parecían de enormes serpientes o de animales feroces, que iban a atacarme. ¿No lo harían con un caballo que quedaba allá abajo, lejos de mi vista?

Al llegar el día vi tres hombres, inconfundiblemente contrabandistas, pues ya había aprendido a distinguirlos en las fronteras, que marchaban muy a prisa, por razón de su oficio, y sin ganas de detenerse.

Les di voces y les rogué que me ayudaran a sacar a *Furia* de donde había caído. Me contestaron que estaba demasiado hondo y no podían detenerse en una tarea tan dificultosa.

Les ofrecí la flamante escopeta que me había regalado el jefe de Policía de Panamá. Aunque quedara mal armada, con sólo el revólver, el caballo bien valía todas las escopetas juntas. Aun recordando los servicios que ésta me había prestado, pues muchas veces me sirvió para derribar pájaros de buen tamaño que desplumaba, sin importarme en aquel momento que fuera muy hermoso su plumaje, y que asaba en un fuego improvisado espetándolos en una estaquilla.

Aceptaron, y durante dos horas trabajaron abriendo trochas para que *Furia* pudiera subir con alguna facilidad. *Furia* tardó un largo rato en moverse, y temí que mis auxiliadores se cansaran de aquella tarea. Finalmente la bestia se animó y consiguieron subirla, con lo cual nos reuníamos los tres.

Tres o cuatro kilómetros más allá di, con explicable satisfacción, en un ranchito de palos, donde me quedé mientras los animales buscaban algo de hierba con qué reponer sus fuerzas. Me quité las botas que estaban chorreantes y terriblemente embarradas y las puse a secar en un fuego de troncos que encendí. El resultado fué que se desclavaron y que, en una palabra, me quedé sin ellas.

Aquella noche me desveló la hinchazón de mis pies y el paso por encima de mi cuerpo de los más variados animales: perros, ratas, y hasta creo que sapos.

Con las botas o sin ellas, había que continuar. Me calcé los zapatos, con los cuales se andaba casi peor que descalza por aquel lodo espantoso, pero los usé muy poco tiempo.

Luego de atravesar, a treinta y cinco kilómetros de Concepción, un puente tendido para los caballos, por el cual se cruza uno a la vez haciendo prodigios de equilibrio, me adentré en la famosa montaña llamada La Pita. Famosa solamente por lo impracticable y cuya fama no desaparecerá de mi memoria, pues siempre recordaré mi peregrinación por ella, pisando descalza las piedras cortantes, ya que en modo alguno se podía ir sobre la silla. Ya era mucho lograr que hicieran pie los animales solos. Y aun así, varias veces vi a *Chiquito Luchador* quedar sentado sobre los cuartos traseros y resbalar.

Perdí los zapatos que me había quitado y al llegar a lo alto de la montaña perdí también el conocimiento durante un rato, a causa de la altura.

En este tramo, penoso de recorrer por los bruscos accidentes de la cordillera de Talamanca, o su estribación, cerca de la región que llaman La Pita, vi a gente de San José, la capital, que junto con indígenas de la zona realizan excavaciones y sacan, algunas veces, reliquias antiguas como jarritos y figuras, en ocasiones de oro. Lo mejor de lo extraído, si se trata de indígenas, se reserva para el cacique, lo demás se lo guarda quien lo encuentra.

Yo no tenía otra cosa mejor que hacer, y mientras daba un descanso a los animales pedí un azadón y estuve cavando todo el día, contagiada por la aventura del oro. Se me contaron portentos de lo encontrado algunos días, verdaderos hallazgos auríferos que compensaron los esfuerzos realizados por quienes tuvieron a su cargo la faena. En cuanto a mí no saqué más que las manos llenas de callos y de ampollas.

Una mujer india, como de cuarenta años, me contó que su madre había encontrado una vez oro en abundancia, casi lo que se podía tomar con las dos manos juntas. Tenía en cuenta aquel antecedente de un solo éxito de la madre en un tiempo muy lejano, sin contar con que el hallazgo de la historia no le sirvió de nada a la mujer, pues se lo robaron en el camino unos desconocidos, o al menos desconocidos para ella.

En aquella región abundaban mucho los jabalíes, que se criaban en lo espeso del monte. Tanto que sólo se comía carne de jabalí y un poco de arroz. Lo cual podría constituir un plato suculento en cualquier mesa, pero que administrado todos los días, sin variar, no pasaba de ser una burda alimentación monótona.

Participé con ardor en la cacería de jabalíes y sentí haber dado como precio de su trabajo a los contrabandistas, como lo había hecho, mi rifle flamante. Entre la gente de la cacería eran contadas las buenas armas de fuego, pero un mestizo me cedió su carabina no del todo mala y pude lucir mi puntería hiriendo a uno de los jabalíes, que fué rematado después a media legua de allí. La cacería no resulta muy peligrosa si no se cierra el paso en algún sendero al animal que huye. De todos modos, dos de los cazadores allí presentes estaban cojos a raíz de haber probado los colmillos.

Tuve que acompañar a los indígenas a beber su licor de caña fermentada, que estaba prohibido, pero se consumía, y que si no se abusa de él reanima en momentos de dura brega, como me sucedió a mí.

Un río muy ancho, creo recordar el río Brus, tuve que pasarlo con los caballos a nado, y yo junto a ellos en una canoa. La corriente pugnaba por apartar las bestias y debí realizar un gran esfuerzo por evitarlo. Especialmente *Furia* me dió mucho que hacer porque es más nervioso y acusa más el miedo. Por eso en los sitios de peligro siempre tengo que montar a *Chiquito* y llevar al otro compañero a remolque.

No estaría de más decir que la mayor parte de los que viajan desde Panamá a Costa Rica, a San José y a las ciudades de importancia, lo hacen por mar, embarcando desde Colón, Donoso, Belén u otro puerto a Puerto Limón, y aun viniendo de Colombia por Cartagena. Es decir, no viajando por vía aérea se hace la travesía por uno de los dos mares, hasta los puntos de desembarco más próximos al lugar hacia el cual se viaja; se evita el recorrido terrestre cuya única arteria es la carretera interamericana, con tramos en construcción y en proyecto. Tratándose de un raid como el mío, la cosa es diferente. El camino tiene que ser la tierra firme, por duros que sean sus accidentes y aproximándose en lo posible a la línea recta.

El viajero puede ahorrarse esfuerzos como los míos en estas mismas jornadas. Puede evitar que por lo tupido de la selva, las ramas le enganchen la montura de su caballo, si lo lleva, y estén a cada momento en un tris de derribarlo; también puede evitar este barro rojo que le salpicaría hasta el cabello y tener que pasar los animales por puentes hechos de maromas, con la ayuda de baquianos que conocen en qué piedra del río hay que apoyarse. Lo mismo digo de los encuentros escalofriantes con reptiles de la selva, el gran peligro que es preciso evitar.

En este mismo día me llené de pavor al cruzar un par de metros delante de nosotros una enorme serpiente que se deslizaba ondulándose. Era gruesa como una de mis pantorrillas, y no sé cómo de larga, pues me pareció, según el miedo que me inspiró, que tardó media hora en cruzar. Los caballos temblaron y yo con ellos. Pero, afortunadamente, en esta ocasión todo se redujo a ver arrastrarse los brillantes colores del viscoso animal, sin que, por lo visto, nos prestara mayor atención.

Igual cosa sucedió un poco más allá, con otra víbora de gran tamaño que se balanceaba enroscada en la rama de un árbol y que sólo hacía un movimiento con la fina cabeza. Yo lo atribuía, desde luego, al hecho de habernos visto y proponerse atacarnos, aunque tal vez fuera un movimiento casual. Apartándome de la pequeña trocha y sufriendo arañazos y pinchazos, dimos un pequeño rodeo para dejar la serpiente del árbol lo más lejos posible.

La selva se aclara un poco y me encuentro en un campamento de nativos. Primeramente salen a observarme unas indias jóvenes, que tras unos instantes de contemplación se alejan huyendo. Otra gente que acude luego hace lo mismo. Yo les grito en voz muy alta:

—Denme agua.

Después de algunas vacilaciones van por ella y me la acercan, pero retirándose inmediatamente.

—Quiero algo de comer —les grito asimismo.

—No hay nada, no hay nada.

—¿Y esas bananas que veo allí?

Señalo las bananas por ser el único comestible que se ofrece a mis ojos, y me acercan también algunas con el mismo miedo de antes.

Repuestos mis compañeros y yo con el alivio del agua y las bananas, nuestro pequeño optimismo desaparece al comprobar que de aquí en adelante todas las trochas están borradas, como si hubieran sido cubiertas de vegetación.

Sin alguien que haga indicaciones sobre la dirección a seguir es inútil avanzar. Las indias del campamento que acabo de dejar nada me dijeron en este sentido.

Me deparó la suerte el encuentro con dos mujeres cargadas con cañas de azúcar, hacia las cuales se precipitaron los caballos, para arrancarles las cañas de sobre la cabeza. Ello y mi facha por aquellos parajes donde no habían visto nada igual, las inquietó y asustó, pero pude acertar más o menos con la explicación de los motivos de mi presencia.

Me acompañó una mujer con un niño hasta otras chozas de indios donde tuvo el rasgo hospitalario de pedir comida para mí. Me sirvieron un plato de carne de ave, lo cual parecía demostrar inesperada abundancia. Luego de comer toda la ración con que se me obsequiaba, aunque la había encontrado un poco dura, pregunté qué clase de volátil era el que habíamos ingerido.

—Es carne de pájaro —me contestaron.

—¿De qué género?, ¿de qué color?

—Pues verde, muy brilloso, muy lindo.

Me mostraron una cabeza con su pico ganchudo. ¡Era loro o papagayo!

No obstante estar ya habituada a las comidas pésimas y a todo lo que viniere, aquello del loro me revolvió el estómago y me tuvo un par de días enferma.

La mujer de la choza tenía un hijo, un muchacho de unos veinte años, a quien ordenó que me acompañase. "Si acompañas a la mujercita, Dios te recompensará", le advirtió la madre.

Estimulado por el premio, el indígena obedeció, aunque caminando poseído por el miedo, pues no obstante su hábito de la vida en la selva, parecía asustado: temía a las víboras y otras alimañas. Yo debía precederle, pero pronto me cansé de tal práctica porque también tenía miedo de ir rompiendo brecha.

El indio manejaba el machete y su tarea era principalmente dejar paso libre, aunque fuese muy angosto, para los caballos. Mas cuando era muy difícil pasar y el trabajo muy duro, me decía invariablemente:

—El animal grande no quiere pasar.

Pero no se trataba de no querer sino de no poder. Y ello quedaba demostrado cuando, de mal grado, el muchacho debía insistir con su machete.

Aquel machetero me acompañó hasta cerca del río Brujo, de nombre bien apropiado, aunque no él sino quien lo pasaba había de ser brujo para hacerlo. Era como un revoltijo de agua y piedras que vadeamos como Dios nos dió a entender, casi milagrosamente. Las plantas acuáticas formaban una maleza tan tupida que se enredaban en mi cuerpo y me desmontaban cuando la cabalgadura iba avanzando.

Estos lances, aunque a alguien le parezcan excesivamente repetidos, no son más que un muestrario de lo que ha de acontecer a quienquiera recorra un continente inmenso y bravío como el americano, en plena naturaleza, a través de sus campos y sus montes.

CAPÍTULO XXI

CON VÍBORAS Y DESCALZA

Héme aquí en un ranchito donde decido descansar varios días, porque ni los caballos ni yo podemos sacar fuerzas de flaqueza. Aquí hay naranjas en abundancia, y ya es algo; nos pasamos varios días comiendo el sabroso fruto, que mata el hambre y la sed al mismo tiempo.

Mis amigos de cuatro patas van en estado lamentable. Ambos sin herraduras desde que salimos de Concepción. *Furia* con un hormiguillo que lo desazona y enferma.

Por una trocha apenas desbrozada llegué al pequeño pueblo llamado Buenos Aires, donde hube de recordar aunque sólo fuese por el nombre, la lejana y opulenta capital de mi tierra. Allí tropecé con un herrador, norteamericano, que calzó a mis animales. Las herraduras habrían de caer en seguida por la larga marcha sobre piedras y por terrenos llenos de agua que ablandan los cascos y hacen que los clavos se salgan fácilmente.

A partir de Buenos Aires el terreno es llano, lo que significa gran ventaja, pues el obstáculo de la maleza no se añade al de las pendientes y declives.

Quiero referirme ahora, una vez más, al tema de las serpientes. Vi una de ellas, que a mí me pareció gigantesca y que en realidad mediría tres metros, en el momento de engullirse un animalejo; presumo, por lo que pude observar, una liebre o vizcacha de tamaño mayor que el normal. Un poco más adelante, el mismo día, encontré otra más pequeña, que devoraba un sapo. Sólo se veían ya de éste las patas amarillentas y verdosas. Ello me trajo el recuerdo de un sapo que hallándome de paso por Ibague, cerca de Colombia, me siguió sin perderme pisada siempre por la misma senda. Yo había aminorado la marcha, impresionada por aquella insistencia. Y me vino a la memoria lo que había oído contar respecto a dichos animales, cuando los sigue una víbora y se ponen a caminar detrás de una persona, para que el reptil no se atreva a atacarlos. Nunca había sabido hasta entonces si se trataba de una conseja o de una realidad, pero comprobé lo segundo viendo al reptil que a prudente distancia y fuera de la senda, perseguía a su codiciada víctima. Era de ver cuán concienzudamente avanzaba el animalejo con la prisa que le permitían sus pobres patas y la mirada fija en las de los caballos.

Se me había dicho —y no eran pocas las opiniones en este sentido— que las víboras de grandes proporciones no son peligrosas si, naturalmente, no se las pisa inadverti-

damente o si se sienten atacadas. Las víboras realmente
peligrosas son las de poca longitud, cuya ponzoña es muy
activa. Un nativo con el que conversé, me dijo, sin embargo, que a un cuarto de legua de allí vería, cerca del
camino, el esqueleto de una acémila que llevaban consigo
unos viajeros de Buenos Aires y que, al quedar rezagada
fué atacada por una gran serpiente, que la ahogó con
sus anillos. Pensé que tal vez se hubiera tratado de un
ofidio venenoso. Recuerdo —ya que se trata el tema— a
una niña indígena que murió víctima de la mordedura
de una pequeña serpiente, en Panamá; no puedo recordar ahora el nombre indígena del reptil, que lo tenía
como aquella serpiente enorme que mató a la acémila a
que me he referido.

Y ya que hablamos de los ofidios, frecuentes pobladores de las selvas, diré aquí que la única serpiente que
he podido observar con toda calma durante mi viaje, fué
una cascabel, un "hermoso" ejemplar de esta clase que
habían matado unos leñadores indígenas y que, para asus-
tarme, colocaron a mi lado, como si estuviera enroscada
naturalmente y, desde luego, viva. Luego la observé con
atención. Si la memoria no me traiciona —pues no siempre
las anotaciones son precisas en cuanto a tiempo y lugar—, esto ocurrió la semana siguiente a la que se narra
en el párrafo anterior. Tal vez no sea ocioso advertir que
algunas faltas de exactitud, algunas dudas de mínima
importancia, algunas alteraciones de nombres y ortografía
se pueden deslizar en mi narración por abarcar ésta una
geografía tan extensa y no poder ser continuas, ni mucho
menos, las anotaciones. Ni qué decir tiene, que no existen
para los episodios que en líneas generales se grabaron
con demasiada fidelidad, podríamos decir, en mi memoria. Para lo que se refiere a ella, me ha sido muy útil
el libro de ruta, de que ya hice mención. Y también, en
algunos aspectos, los numerosos recortes de prensa que
reuní y que conservo.

Para completar lo referente a la serpiente cascabel, consignaré los siguientes datos: la cola terminaba en un singular apéndice que es el que produce el sonido característico a que alude su nombre, la cabeza era corta y el cuerpo de fuertes escamas de color castaño o amarillo pardusco con líneas de puntos amarillo claro que formaban figuras bien diseñadas. Me dijeron que su veneno es activísimo y que lo inocula por medio de un canal que tiene en sus dientes largos y encorvados. La ponzoña actúa directamente sobre el sistema nervioso. Mudan estas serpientes de piel dos o tres veces al año. Sus cascabeles le sirven, según se me aseguró, para advertir a los otros animales u hombres que se halla cerca, en lo que debe verse una precaución de la sabia naturaleza sabido lo mortíferas que son tales serpientes. Otro me explicó que no era así, sino que el ruido de los cascabeles les sirve para llamarse en la época de celo, opinión ésta que me pareció más acertada.

En las proximidades de este lugar me dediqué, como ya lo hiciera otra vez, a buscar oro. También lo hacían los indios que cavaban con el mismo propósito, y practicaban galerías que pasaban por debajo de las tumbas de antiquísimos personajes allí enterrados según la creencia de aquella gente. Como lo hiciera la vez a que me refiero cavé con entusiasmo durante dos días, en tanto los animales descansaban. Pero, a pesar del optimismo de los indios sólo saqué de allí, tras tanta fatiga y sudores, las manos agrietadas y llenas de ampollas. En cuanto al oro de las famosas tumbas no se dejó ver jamás.

Me vi precisada a detenerme unos días en San Isidro del General, pues el hormiguillo que padecía *Furia* así lo exigía. Después, con muchos deseos de llegar a Cartago, ciudad en que confiaba hallar un lugar cómodo donde descansar, hube de soportar el episodio del llamado Cerro de la Muerte. Por si era poco el trabajo agotador de trasponerlo, me sorprendió la noche al pie de él, con un frío que me calaba los huesos hasta el alma.

En compensación de estas fatigas hallé una expléndida recepción en Cartago, lo que me hacía mucha falta. Mi estado no podía ser más lamentable. Me aguardaban allí el embajador de la Argentina, don Carlos A. Fernández, y el delegado obrero Arturo Sacomani. Sin que dejaran de sorprenderse por mi aspecto, se mostraron sumamente cordiales.

—¿Cómo estás? —me dijo Sacomani.

—Pues ya se ve, un poco maltrecha.

—¿Cómo andás? —insistía.

—Pues ando descalza.

En efecto, el barro y las piedras habían destrozado mis zapatos y, desde luego, no tenía qué ponerme en los pies.

Partimos para la capital portorriqueña, donde el citado delegado obrero me regaló un traje de gaucho de su propiedad. Me venía a la medida y remediaba, muy oportunamente, mis necesidades de ropa para el viaje.

Tanto la prensa como la radio ya habían indicado por dónde se me esperaba, y fuí sorprendida por una legión de chiquillos que gritaban estridentemente.

En un principio me asusté, pues no sabía si era ésta una demostración de hostilidad o una rechifla, pero supe bien pronto que se trataba de manifestaciones espontáneas, homenaje que se me tributaba jubilosamente.

El primer domingo de mi estancia en San José jugaba el famoso equipo de Racing de la Argentina con un cuadro local. Di una vuelta por la cancha, que estaba adornada con las banderas de los dos países y fuí ovacionada al desfilar ante las tribunas, al paso de mis caballos.

La noche de navidad de 1952 la pasé en la grata compañía de la buena gente de San José. Los diarios *La Hora* y *La Prensa Libre* hicieron conocer mi raid con comentarios elogiosos. El primero de ellos comenzaba así

Con una familia indígena en el Perú.

Con los charros de Victoria, México.

su crónica de mi llegada a la simpática capital: "Dos caballos robustos y una amazona en traje de gaucho, trotando lentamente sobre el asfalto de la Avenida Central, fueron espectáculo inesperado para los miles de ciudadanos que en estos días —fríos y ventosos de navidad— colman aceras y calles del principal paseo comercial de la ciudad. Era Ana Beker, la intrépida amazona argentina que viene sola desde Buenos Aires, proponiéndose llegar a Ottawa, Canadá, a caballo."

El grato recuerdo de los buenos días vividos en San José, casi me lo hizo olvidar mi querido compañero *Chiquito Luchador* con una tremenda coz que me propinó en la cara. Era cerca de Puntarenas. Como otras veces, jugaba con él y me ejercitaba en hacerle alzar la pata según mi indicación. Se mostraba reacio a obedecer y yo le dije en buen criollo:

—¿No querés? Pues andate al diablo.

Le di un ligero empellón, y antes de que yo le volviera la espalda me soltó una patada en el rostro y luego echó a correr.

Por fortuna, con el rápido movimiento que yo hice hacia atrás, el choque de la herradura no fué de pleno, pero sí lo bastante para que cayese en tierra desmayada. Al volver en mí tenía una gran lastimadura en la mejilla y una de las muelas colgando. No se piense por eso que yo guardara rencor a *Chiquito*; por el contrario, fuí a buscarlo y me abracé a su cuello, ya que después de todo era yo quien había provocado al animal.

Este primero de año lo pasé en un caserío cerca de Puntarenas, donde se trabajaba con una trilladora de arroz. Fué esta una buena oportunidad para dar de comer a mis dos bestias, casi alampando por comer.

En Liberia veo que se trabaja en la carretera panamericana, pero hasta el presente no hay nada hecho. Y ya en la frontera con Nicaragua, en La Cruz y Peña Blanca, desaparece todo camino. El trayecto montañoso tiene subidas y bajadas violentas y abruptas que me recuerdan los peores tiempos de las marchas penosas. Este afirmarse y saltar y escurrirse y rodar de los caballos y de su dueña, ya es un viejo achaque angustioso que más vale no relatar.

En esta jornada lo más notable que pude ver es una víbora enroscada, "empollando" sus huevos en un nido de paja seca. El tiempo, por lo visto, era propicio a los reptiles, porque al día siguiente otra víbora de color esmeralda se enroscó en la pata de mi *Furia* y lo hizo correr como enloquecido de miedo hasta que, no sé cómo, el ofidio desprendióse, en medio de las terribles coces que daba el caballo.

Apenas llegados a territorio de Nicaragua, me dejó suspensa la belleza de las cimas volcánicas. Es, para mis ojos, una magnífica visión que no logra borrar ni aún el malestar que me obliga a detenerme en un cafetal, donde me hallaron desvanecida. Había caminado desde la madrugada bajo los rayos de un sol implacable. La familia propietaria del establecimiento me auxilió de muy buen talante y comunicó mi estado a la Embajada argentina. Era la familia de los señores Briceño, que me llevaron a San Marcos.

Con el reposo me sentí repuesta y alcancé la ciudad de Managua, donde se me dispensó un buen recibimiento. Aproveché la oportunidad que me ofrecía una entrevista con el presidente Somoza para pedirle algo de que estaba muy necesitada. Los recorridos por la selva y los largos trayectos despoblados me mostraron la necesidad de proveerme de un revólver en reemplazo del que poseía. Lo deseaba de buen calibre y flamante, eficaz y seguro en cualquier momento que se necesitara. Jovialmente, con amables palabras, me lo ofreció el primer mandatario, pero a pesar de mis reiterados pedidos no se acordaba de cumplir su promesa. Comprendía yo que eran muchas sus ocupaciones para recordar cosa tan baladí, pero entre las pocas virtudes que poseo se halla la de la tenacidad.

Llegué a sentarme debajo de un árbol en su quinta campestre, el ingenio de Monte Linares, y allí esperé... De pronto vi aparecer un camión que con la guardia dotada de ametralladoras precedía al auto del general. Al descender éste, surgí de donde estaba y el presidente me preguntó con asombro, pero con jovialidad, si yo no era su propia sombra que lo perseguía. Después se mostró muy jovial y galante, sin apartarse de las reglas del buen gusto y respeto:

—Señorita, tenga cuidado, que a los nicaragüenses les gustan mucho las rubias. —Y se reía de buena gana.

Yo le contesté:

—A mí también me gusta la gentileza de los hombres nicaragüenses, pero supongo que preferirán las rubias con faldas y bien peinadas y arregladas y no a una viajera como yo, que es ave de paso y está quemada por el sol y por el viento.

Entre éstas y otras bromas creí conseguir mi propósito; pero al fin no el arma flamante que necesitaba.

Poco después, siguiendo la ruta —lo consigno en mis anotaciones importantes—, pasé por la casa donde nació el gran poeta nicaragüense Rubén Darío. La casa encontrábase bastante abandonada, con las gallinas picoteando tranquilamente. Pensé en cómo pasan los hombres más gloriosos y enfilé hacia la frontera con Honduras.

En Somoto recibí el gran susto. Tenía amarradas las bestias a un poste y ya estaba durmiendo entre mis frazadas, cuando me despertó un largo relincho de *Furia*, uno de esos relinchos que en el lenguaje convencional de mis amigos significaba peligro de gravedad. Era justificada la alarma del caballo. Había desaparecido *Chiquito Luchador*. Recordé que unos hombres rondaron allí por la tarde, y como suele ocurrir, no reparé a su debido tiempo en su mala catadura. El caso es que salí al galope sobre *Furia* por el único camino que deduje habrían de huir los ladrones. Le llamaba gritando con todas mis fuerzas.

—¡Chiquito! ¡Chiquito!

De pronto oí un relincho inconfundible. Él me había oído también. Me esperó parado en el camino y me abracé a su cuello con transportes de alegría. Estaba claro que los ladrones no pudieron seguir su fuga con el animal y que éste hizo todos los esfuerzos para escaparse de sus manos.

Luego de este feliz desenlace abandoné Nicaragua, y desde la frontera me despedí mentalmente de los que me favorecieron y ayudaron allí, incluso a *La Prensa*, de Managua, que daba la noticia de mi arribo al llegar a la altura de Jinotepe. Asimismo a los estudios de Radio Panamericana y al locutor de la emisora Pepe Barrantes.

CAPÍTULO XXII

CENTROAMÉRICA

A través de Honduras empiezo con un desolado camino de monte bajo y penosa andadura donde no se encuentra con qué alimentar a los caballos. ¡Pobres compañeros míos! Algunas veces me digo cómo pueden aguantar tantas penalidades; es probable que, de poder pensar, ellos también se preguntarían cómo puedo aguantarlas yo. La garrapata es una plaga que deja desasosegadas a las bestias, presas de la nerviosidad. Yo no me libro de los efectos del malestar que produce el parásito.

Al entrar en Tegucigalpa me encuentro con una denuncia radicada en la sección de Inmigración: se me acusa de haber violado las disposiciones legales vigentes al permanecer en Honduras durante ocho días, seis más de los autorizados. Hablo con un funcionario y le expreso mi deseo de entrevistarme con el ministro, aunque según me informaron, es un señor de muy mal carácter. Por la tarde, al ser recibida por él, compruebo que el ministro y el funcionario con quien hablé anteriormente son la misma persona. Renace la cordialidad y se arregla el enojoso asunto.

Al reanudar la marcha encuentro en mi camino gente mísera que más que ayudar necesita ser ayudada. Para que todo acabe de complicarse, el país está de elecciones y se hace gran consumo de alcohol, con lo que cunde el desorden y la agitación. La gente conducida en camiones se dirige a los comicios en actitud levantisca. Todo está inseguro, y hasta mi recurso de quedarme a pernoctar y descansar en los ranchitos se hace problemático. Yo tengo miedo a la inseguridad y en los ranchitos me temen a mí.

Mi paso por Honduras, por el Espino de Choluteca, San Lorenzo de Valle, Nacaome, El Amarillo, Tegucigalpa, la capital y otros lugares donde se me recibió cordialmente, constituye una etapa más de mi itinerario y me procura el conocimiento de otro hermoso país. Lo más dificultoso de su tránsito ha sido la sequía y falta de pasto en parte del trayecto. El hambre de *Furia* y *Chiquito* llegó a extremos conmovedores. De la mía no quiero hablar, porque ya estoy habituada a largos ayunos y creo que ejercitada para hacer penitencia como los ascetas del desierto. La sequía me había obligado a dejar los caballos en la hacienda *El Jicarito Comalí*, del departamento de Choluteca, cuando tuve que desviarme hasta Tegucigalpa, la capital. Así lo hice constar en los diarios *La Época* y *El Pueblo* de tal ciudad para dejar constancia, en el raid, de cualquier movimiento de mi persona y mis cabalguras.

En la república de El Salvador los comienzos no prometen nada bueno. En todas partes se me distingue y atiende. Pronto las atenciones se quedan atrás porque no pueden seguirnos pegadas a la cola de los caballos por los campos dilatados y desiertos. Lo que nos hace padecer ahora es el calor sofocante. Hay una zona desértica donde las fuerzas del sol nos abruma, pareciera que llevamos yesca reseca en la boca y un líquido ardiente en las venas en vez de sangre.

Tuve que cortarme los pantalones para que no me ardiesen las piernas cuando se pegaban con la transpiración a las rodillas, y esto me ocasionó un lance desagradable, un poco cómico y sin importancia. Al pasar por un destacamento de policía, uno de los uniformados entendió que mi aspecto, con parte de las piernas al aire, no era decoroso. Me hizo una aguda llamada de silbato y como yo seguía cabalgando, agarró las riendas del caballo tirando de ellas violentamente. Se agrupó un poco la gente que transitaba por allí y presenció mi altercado, tal vez poco edificante, con el policía. Quería llevarme detenida y yo me oponía.

Con todo, el alboroto no llegó a mayores, y con mis rodillas al sol y al viento llegué a San Salvador, capital de la república. En seguida me recibió la señora del embajador argentino, doctor Ocampo, y un representante de "Life" me habló por teléfono interesado en informes sobre mi viaje.

A poco me recibió el presidente de la república, teniente coronel Oscar Osorio, al cual habían enterado, ignoro quién, cómo había perseguido yo al presidente Somoza para que me regalara un revólver. Yo quise aclarar:

—Excelencia, no siempre soy importuna.

Y él me contestó:

—Pues sin serlo, ahora obtendrá lo que desea. ¿Qué arma quiere?

—Prefiero 38 largo.

—Bien, no hablemos más del asunto.

Y esta vez vino a mis manos la excelente arma, acompañada de una buena provisión de municiones.

En El Salvador, país cuyas bellezas difícilmente olvidaré, tuvo comienzo una curiosa aventura, independiente del raid, y que sólo cuento para introducir una variante en el relato de las penalidades sufridas durante el viaje. Una pareja a caballo tomó como hábito el anticiparse a mi llegada a las ciudades: intentaba suplantarme en el raid, valiéndose de extrañas mentiras. Unas veces la mujer hacíase pasar por hermana mía y otras por raidista, que enviaba el deporte argentino a través de América. Era curioso cómo espiaban mi paso y salían de pronto a mi encuentro acabando por seguirme o precederme, sin atender mis protestas. Fueron tan mortificantes e insistentes en su actitud que la prensa y las autoridades diplomáticas tuvieron que tomar cartas en el asunto. Aquellos "ricos tipos" tenían una idea demasiado cómoda de lo que es un raid a caballo. Tomaban el tren cuando les parecía, o el avión, o el medio de transporte más conveniente, y montaban cuando les daba la gana, para presentarse en las ciudades donde pudieran sacar provecho de su ardid. *La Nación,* diario salvadoreño, da cuenta de tales manejos: "Una impostora, mujer colombiana, que se hace pasar por argentina, ha sido denunciada ante la embajada de dicha república en nuestro país y de las otras naciones en donde la citada mujer se hace pasar por tal. La mujer en cuestión anda acompañada de un sujeto, quien dice es su hermano, y andan visitando en calidad de turistas, todos los países que recorre la cabalgadora argentina Ana Beker. Dice la farsante colombiana, que es hermana de la señorita Beker, que ella también anda realizando la misma hazaña de atravesar a caballo el continente americano. Pero ya se ha averiguado que los dos impostores, que no son hermanos y que simplemente se juntaron en Colombia, de donde se trasladan por mar y aire y al encontrarse en las ciudades, toman un caballo y desfilan por las calles haciendo creer que así vienen de la Argentina. La Embajada argentina pone sobre aviso a los pobladores de los lugares donde ella se presente, para que se tomen medidas en contra de la impostora."

En algunos casos la aprovechada pareja aparecía como marido y mujer —Barbarita Ricci y Miguel— en otros se hacían pasar como hermanos. Pero, en todo momento —y esto es lo importante— fueron mi sombra negra: me los encontraba en todas partes o, bien se hacían presentes en lugares en que yo había estado. El secretario gremial de la embajada argentina, señor José Palmentieri, tuvo que dirigir un comunicado a la prensa que yo leí en *Tribuna Libre* y que estaba redactado en estos términos: "Tengo el agrado de dirigirme al señor director a los efectos de solicitarle quiera tener a bien dar a publicidad, en el periódico de su digna dirección, a la aclaración del artículo aparecido en el día de la fecha en la página dos, donde aparece la raidista de nombre Barbarita Ricci como argentina y habiendo empezado su recorrido desde Buenos Aires, República Argentina, en el mes de agosto de 1948, conjuntamente con su esposo Miguelito Ricci, argentino. Para su digno conocimiento me permito aclararle que la señora Barbarita Ricci ni es argentina ni ha salido de Argentina como raidista. La única raidista argentina es la señorita Ana Beker. El aclarar al señor director lo antes mencionado es para evitar que persona alguna utilice ese recurso, sorprendiendo la buena fe de los ciudadanos salvadoreños, autoridades, periodistas, etc., persiguiendo fines lucrativos. Al agradecer al señor director su amable deferencia sobre el particular, hago propicia esta oportunidad para saludarlo con mi más alta y distinguida consideración..."

Olvidada ya del enojoso incidente, abandoné San Salvador y ya cerca de la frontera, en Santa Ana, descanso en un ingenio azucarero, propiedad de un hacendado español, y me siento con los indios en torno a la tortilla de frijoles que es uno de sus alimentos.

A través de Guatemala, entrando en el país por San Cristóbal y pasando por Asunción, Mita, Jutiapa, Barbarena, hasta la capital, encuentro la carretera pavimentada a trozos y estimada en lo que se refiere a vialidad como camino transitable. Lo era cuando pasé desde San Cristóbal a Monogoy y desde Asunción a Fraijanes, cerca de Guatemala que mencionamos. No voy a insistir en los efectos para mí y para mis caballerías de las largas caminatas, día y noche buscando dónde proveernos de los indispensable para continuar. En general, como lo vengo haciendo y lo haré más adelante, trato de no insistir en las vicisitudes de este mismo carácter. Ya no considero como episodios sino como cosas inherentes al raid las dificultades y asperezas de que hablo. Si tengo que cruzar los ríos con los caballos, a través de puentes colgantes, resbaladizos y amenazadores, o embarcar en balsas también peligrosas, o cruzar a nado con los caballos para no pagar el precio de las balsas —pues todo hay que decirlo—; si de nuevo tengo que dormir a la intemperie sobre cueros o mantas, como en aquellas noches de hielo en que amanecían los caballos cubiertos de nieve; si llego a un pueblito y para agradecer el pienso de los caballos o el bocado que me dan a mí, estoy hasta la una o dos de la mañana contando mis aventuras y respondiendo a las preguntas que se me formulan aún cuando tengo que ensillar a las cinco; si ando buscando como milagro del cielo un puesto del ejército o de la guardia civil; si advierto en la noche que alguien parece seguirme y me oculto con más miedo de lo que hiciera suponer mi aparente presencia de ánimo; si me siento al borde de un bosque, de una selva, con la desesperación o el desánimo de quien cree que ya no queda nada por hacer... no vale la pena insistir en la descripción de tales penurias.

Tampoco valdría, naturalmente, hablar de la otra penuria: de mis escasos recursos económicos. Pero ellos influyen a veces hasta en el itinerario. Cuando los recursos se acercan a cero, en ocasiones, prefiero trayectos en los cuales no falten ranchos, quintas de campo y pequeños pueblitos, donde la hospitalidad doméstica, es, si la hay, gratuita. Nadie puede pensar por qué no voy a la fonda o al hotel. En los pueblos de más pretensiones, los precios no se hallan al alcance de mi bolsa. El alojamiento en los caseríos o ranchos podrá no ser cómodo, pero es un alojamiento nada oneroso, que debo agradecer a la hospitalidad de las gentes.

Yo no viajo pidiendo ayuda sistemáticamente porque ello desnaturalizaría el espíritu y la finalidad de la empresa en que me hallo empeñada. Sólo a veces, ante el dispendio inevitable para embarcar o llenar trámites cuya falta de solución equivaldría a suspender el raid, explico en algunos clubes, sobre todo los ecuestres, la situación con toda claridad y obtengo el auxilio necesario.

Por cuanto digo acerca de los recursos y por atajar caminos buscando la aproximación a la línea recta, me he visto obligada a pernoctar en los lugares más a trasmano. El apego y condición de mis caballos me ayudaban. A veces me decían en alguna casa: "No puede quedarse porque no hay cerco para las bestias." "No importa —contestaba yo—, mis caballerías no se mueven de mi lado." Y, efectivamente, el único cerco que necesitaban era una orden y una señal mía.

CAPÍTULO XXIII

LOS INDIOS DE FIESTA

En la capital de Guatemala me recibió el embajador argentino. Me entrevisté con un representante de *Life* y también con periodistas de *Time,* quienes dijeron que preferían entrevistarme cuando entrara en los Estados Unidos.

Llegué a la primera ciudad guatemalteca, en ocasión de celebrarse allí el Día del Estudiante, fecha en la cual los que la celebran tienen amplia libertad para decir, cantar y escribir lo que se les ocurra. Y ellos la aprovechan sin ninguna limitación para las bromas y los ataques más atrevidos a instituciones, políticos, gobernantes, etc. Era sólo por un día y todo se toleraba en gracia a la costumbre.

Conforme avanzaba por el país con dirección a Méjico, mi trato con los indígenas iba siendo más directo y curioso. Los de algunos poblados me mostraban casi veneración e iban detrás de mí a todas partes. Si entraba a la iglesia, ellos hacían lo mismo. Siempre en pos de mis pasos.

Iba acercándome a la parte de monte y terreno más hostil de Guatemala como si en lo que toca a recorridos abruptos de Centroamérica me faltara el rabo por desollar.

Muchos indígenas se ofrecieron a ser mis guías durante varias jornadas. Uno de ellos me resultó particularmente agradable. Era un viejo, todavía fuerte, muy amante de su país y muy versado en las cosas del mismo. Mientras saltábamos los caballos y yo de una zanja a otra y nos incorporábamos después de haber caído en un pedregal, me hablaba como a una persona extranjera a quien se debe informar bien. Me dijo que la antigüedad del pueblo guatemalteco apenas tiene comparación con otra alguna. Que los aborígenes, antiquísimos, eran oriundos de la cuenca del Usumacinta y me habló asimismo de los quichés tan antiguos como los mayas. Aseguraba haber sabido descifrar jeroglíficos de las viejas piedras y conocer en su forma más pura el idioma que dió origen al actual de los nativos.

Mencionaba con veneración y entusiasmo las ruinas de la vieja civilización guatemalteca, las enormes estatuas Quiriguas y las inscripciones misteriosas, así como las reliquias de Petén y Zakuleu. Yo tuve ocasión de contemplar ruinas de este género al pasar por Huehuetenango.

Mi viejo guía ponderaba la habilidad y fecundidad de recursos de la antigua raza que conseguía trasladar desde las canteras piedras de tan enorme tamaño y ponerlas en su sitio. Prestando oídos al viejo acompañante se hubiera dicho que la civilización de sus antepasados fué de un esplendor magnífico en medio de la selva. Decía que ellos medían la duración del año antes que los romanos y se servían de calendarios perfectos, calculaban los equinoccios y habían inventado la cifra cero antes que cualquier cultura oriental. Sin embargo, no conocían la rueda, no extraían metales, ni tenían noticia de otras cosas de empleo fundamental. Los indígenas que yo he conocido pertenecen en su mayor parte a la raza de los quichés, aunque existen muchas variedades: calchiqueles, uspandecas, lacandones, mamés, pocomanes, tzendales.

Cuando el guía empezaba a contarme los antiguos esplendores del reino quiché, uno de mis caballos, *Furia,* resbaló e hizo deslizarse una gran piedra en un declive. Rodó con ella y cuando fuimos a auxiliarlo estaba resollando y con las cuatro patas en alto, como si no se pudiera levantar. Hubo que ayudarlo a ponerse en pie y recomponer montura y equipaje con lo cual demoramos un rato.

Después, el hombre reanudó su panegírico y me habló

de un rey Kikab, que había conducido sus ejércitos hasta Nicaragua.

Al fin me faltó la compañía del viejo guía, evocador de grandezas guatemaltecas y debo confesar que lo eché de menos cuando crucé el paraje llamado Los Chocollos, región que según me informaron hallábase infestada de bandidos. No sé si tendrían razón, ni si sería uno de ellos el hombre que me salió al camino, pero lo cierto es que en una jornada en que yo me sentía mareada de subir y bajar, de vueltas y revueltas, sólo me faltaba que surgiese un asaltante. Si me hubiera seguido durante mis últimas marchas, seguramente se hubiese compadecido de mí y me habría dejado en paz. El camino de esta zona guatemalteca es como un carrousel que nos empuja hacia arriba y hacia abajo y como un laberinto que fatiga la espiral de nuestra resistencia.

El tipo en cuestión estaba muy mal trajeado y no tenía buena apariencia física. Me gritó:

—Tiene que apearse del caballo. Pronto. Ahora mismo.

—¿Por qué y para qué?

—Eso es cosa mía.

Recordé que llevaba el revólver descargado y fingí que iba a detenerme y obedecer. Pero de pronto puse al trote los caballos y me alejé lo suficiente para sacar de la bolsa tres balas y meterlas en el cargador. Hecho esto, lo dejé llegar.

—Alto, paisano. Levante los brazos porque ésta va a ser su última fechoría.

Si hubiera sabido lo asustada que estaba yo, tal vez hubiera cobrado él más ánimos. Pero los perdió del todo y me dijo temblorosamente:

—¿Me quiere matar?

—No, si desaparece a toda prisa.

Así lo hizo, pero escondiéndose a favor de las revueltas del camino, dispuesto a aparecer nuevamente. Yo había colocado seis balas en el revólver y estaba resuelta a no dejar traslucir mi miedo.

Cabalgaba en esto al borde de un precipicio, manejando los dos caballos con una mano y sosteniendo el arma con la otra. La actitud de mi perseguidor era cada vez más extraña. Manteníase a unos pasos y exclamaba:

—Si quiere matarme, máteme.

Estaba lejos de mi ánimo querer tal cosa y encontrábame más tranquila porque las balas estaban en su sitio y el machete que desde el primer momento vi en su cintura era en comparación a la mía, un arma muy inferior.

Cambiando de táctica, el asaltante o lo que fuera me dijo que tenía un ranchito capaz para mis caballerías, y un montón de rarezas que trascendían a embustes inventados en el instante. Como lo volví a intimidar para que se alejara y no volviese a salir a mi encuentro, se alejó nuevamente, pero lo vi ocultarse entre unas matas. Entonces hice fuego, sin intención, claro es, de hacer blanco, y oí los pasos del hombre que corría, para desaparecer, definitivamente.

Guardé el arma después de un rato, y pensando que ya no reaparecería el pegajoso sujeto.

En uno de los bosques vi por primera vez el hermoso pájaro, el quetzal, que me pareció al volar una joya deslumbrante. El oro, rubí y verde esmeralda, con brillo muy vivo, hacen de él una de las aves más coloreadamente bellas. El color rojo de las plumas delanteras responde a una leyenda que se conservó en las regiones de los indios. Según la conseja, en los tiempos del rey Tecun cuando éste peleaba en fiero combate con Pedro de Alvarado, el conquistador español, el quetzal, que era su espíritu protector, trató de sacar los ojos con el pico al cristiano y una vez muerto el rey Quiché, mojó su pecho en la sangre del héroe vencido. Acaso por ello figura en el escudo nacional de Guatemala.

En este paisaje de suntuosa gracia tropical, tan espontánea que se olvida la intervención de la mano del hombre en lo creado, pude admirar, también, la hermosísima flor Monja Blanca que se tiene por símbolo y que es una clase de orquídea de color blanco marmóreo con la piel más suave que se pueda imaginar.

Seguí avanzando en busca de la salida de Guatemala. Llevaba conmigo un pequeño plano con informes de los sitios que debería tocar desde Huehuetenango. Con frecuencia se me había provisto de estos informes que luego en general se alteran con las incidencias reales del camino. Iba así redactado: Itinerario a seguir a la frontera con Méjico. Etapa 1: San Rafael Petzal. Buscar a Ezequiel Aguirre. Etapa 2: Seguir carretera hasta Chimique, apartándose a la derecha hasta Chimique, apartándose a la derecha hasta San Pedro Necta. Buscar Alcalde Municipal. Etapa 3: La Democracia. Buscar Alcalde Municipal o Sofía Gálvez viuda de Argueta. Etapa 4: Obligado, tocar la Mesilla. Ver Agente Migración de Guatemala, y Agente Migración "El Jocote", Méjico.

Así solían ser las informaciones que se me daban y muchas veces sucedía que en ellas no se hallaba precisamente lo más importante: cómo pasar un río que me encontraba de pronto, o salvar cualquier otro obstáculo natural.

En el lugar llamado San Pedro Necta, adonde se llega por escabrosísimas montañas, asistí a una inolvidable fiesta indígena. Varias veces había tenido ocasión de presenciar bailes, pantomimas, alardes folklóricos, carnavalitos, etc., ya en Bolivia ya en el Perú. Pero esta vez lo pintoresco y variado de los trajes, los adornos, la perfección de las danzas, me hicieron admirar como nunca sus movimientos y airecitos. La fiesta duró varios días y las más importantes de las pantomimas eran las que representaban viejos encuentros de indígenas y españoles. Máscaras, casacas bordadas, cascos y plumeros adornaban a los danzarines, que al son de la chirimía, bailaban estos remedos de choques con los conquistadores y bailes del folklore más auténtico de Guatemala, como el tun, o el del venado. El jefe de los indios no dejaba en ningún momento de obsequiarme y atenderme y me regaló un lujoso traje de india, para día de fiesta. Realmente, los indígenas guatemaltecos me solían considerar una "india argentina".

Las mujeres no dejaban de mirarme abriendo los ojos de curiosidad y acosándome con preguntas. Los hombres admiraban sobre todo la fortaleza y altura de los caballos y me pedían permiso para subir en ellos con estas palabras:

—Présteme la escalera.

Este lugar de San Pedro Necta es uno de los más bellos y pintorescos que me haya deparado el viaje. Consulta el gusto del más exigente de los turistas. La abundancia de indios y el paisaje parecen aislarnos de la moderna y monótona civilización. La principal dificultad es aquí la de transitar, pues sólo se recorren estos parajes prácticamente a pie o a lomo de mula.

El jefe me designó un acompañante y no era ociosa la compañía, pues el último trayecto de Guatemala hasta la frontera de Méjico, fué realmente endemoniado. Fácilmente comprenderá el lector lo que quiero decir cuando lo califico de esta manera, después de haber recorrido trayectos hostiles hasta el extremo.

Agarrada a la cola de *Chiquito*, que se había acostumbrado ya a saltar como un corzo por piedras y zanjas, transcurrieron mis últimos esfuerzos en las jornadas guatemaltecas, no sin algunos pasos de puentes colgantes, hechos de alambres y tablas que, tratándose de animales, sólo solían servir para algún burrito de poco peso y tamaño. Estaba escrito que mis dos caballos habían de salvar obstáculos dignos de los números ecuestres de un circo.

Los gobernantes, alcaldes municipales, jueces de paz, comandantes de puestos de la guardia civil, de Jutiapa,

Santa Rosa, Barbarena, Zaragoza, Panajahel, Santa Lucía, Nahuala, Totonicapán, Malacatancito, San Rafael, La Democracia, etc., etc., vieron pasar mi figura de caballista maltrecha, que, como siempre, supo hacer, de tripas corazón, en los momentos en que se hallaba más desfallecida, para presentarse lo más gallardamente posible ante la autoridad de cada pueblo. Entre tantos testimonios y frases elogiosas de mi libro de ruta se puede destacar lo que estampó el alcalde de San Pedro Necta el 12 de abril de 1953: "Con la arrogante altivez de los intrépidos, se vió arribar a esta población a las doce horas diez minutos, a la señorita Ana Beker, montada en hermoso corcel. Su presencia denuncia un espíritu valiente y emprendedor, con el cual llegará a conquistar la gloria del viaje que se propone realizar; para cuyo fin le deseamos una firme voluntad y un feliz desenlace al coronar la empresa. Y como reconocimiento de sus méritos y por aprecio a su patria, sírvase aceptar, señorita Beker, el testimonio de esta autoridad y este pueblo que es uno de los últimos del departamento de Huehuetenango, adyacente a la frontera mejicana, con cuya república colinda Guatemala por el oeste."

En trance de cruzar la frontera con Méjico se me presenta el problema de evitar el paso por Tapachula, primer puesto con autoridades aduaneras mejicanas. Me han informado que allí se formulan no pocas exigencias y que piden una garantía de doscientos dólares por cada caballo. Tengo que eludir este dispendio, pues mi estado económico es tan malo como de costumbre.

Al entrar en Méjico la carretera interamericana, que en Guatemala se llama carretera Roosevelt y en Méjico, Ruta Cristóbal Colón, se interrumpe y, en cierto trayecto: los tramos correspondientes a cada país según el criterio y bajo la dirección que uno y otro consideran justa... Los mejicanos dicen que los guatemaltecos equivocaron el trazado, y los guatemaltecos dicen lo mismo respecto a los mejicanos. Esta falta de coincidencia entre uno y otro país, me obligó a atravesar un terreno muy accidentado; porque lo cierto es que el camino sólo se extiende de Guatemala a Tapachula y luego no existe en absoluto. Todo el que sigue este itinerario en automóvil tiene que embarcar el coche en el tren, único medio de que se dispone para recorrerlo.

Yo tenía que vérmelas ahora con un nuevo gran trozo de esa famosa carretera interamericana recorrida con mis dos compañeros casi íntegramente en su sinuoso perfil de toda América Central. Casi al nivel del mar en Panamá, se va elevando insensiblemente hasta David, sube a más de mil metros en Volcán, desciende con líneas bruscas en Buenos Aires, asciende a cerca de cuatro mil metros entre San Isidro del General y Cartago y marca luego grandes ascensos en San Ramón, frontera con Nicaragua y Honduras, Chimaltenango y San Cristóbal para descender otra vez hacia el límite con Méjico, a través de un total de dos mil ochocientos kilómetros.

Ahora este primer tramo mejicano lo recorremos con un guía indio, pues el suelo es tan montuoso y tan falto de caminos que de otro modo nos hubiéramos extraviado mis compañeros y yo, por mi táctica y necesidades en el raid, no quiere decir, como en el caso de grandes zonas en Méjico, que no haya una carretera excelente y asfaltada para autos. Penetré en la tierra azteca por un paraje entre Cuouhtemoc y Motozintio y antes de llegar a los primeros pueblos de alguna importancia, sufrí uno de los grandes calvarios de mi aventura. Monte y monte y siempre monte, mucho calor y poquísimo alimento. Ya estaba acostumbrado mi estómago a los ayunos frecuentes. Un día, una noche sin probar bocado eran para mí cosa de coser y cantar. Algunas veces a lo largo del viaje, en el recorrido general pasé hasta cuatro días de ayuno. En ocasiones, aun teniendo algún dinero y pasando por lugares en que se podía adquirir algo, reservaba mis escasos recursos para alimento de los caballos, problema más grave y agudo, y también para el alojamiento nocturno, cuando era grande la crudeza del tiempo. En las zonas frecuentemente pobladas y donde se me ofrecía a menudo la hospitalidad, reservaba mi apetito para cada invitación. Así sucedió en parte de los Estados Unidos... pero no hablemos de sitios a los cuales no hemos llegado aún.

CAPÍTULO XXIV

EL ASALTO EN MÉJICO

En Tuxla, Méjico, me doy cuenta de que los animales no pueden seguir con las monturas nuevas que mandé hacer en Guatemala. Se les hinchaba el lomo y padecían horriblemente. Tenía la sensación de que el sufrimiento fuera sobre mis propias costillas.

El gobernador de la zona, el licenciado Efraín Aranda Osorio, vino en mi ayuda providencialmente.

Permanecí ocho días en Tuxla. Me agasajaron en un hermoso caserío, en pleno monte, con la más grata de las fiestas. Se oyeron salvas y resonaron los himnos mejicano y argentino. *El Heraldo*, periódico de la localidad, daba la bienvenida a "la gaucha esforzada y de recio temple, Ana Beker, la rubia amazona..." Antes de salir el gobernador me regaló un caballo zaino de nombre *Dragón* para montarlo y que descansaran así mis animales, lastimados por el roce de la montura. Era una buena bestia a la que agradezco, como a quien me la regaló, sus servicios, pero fué tan sólo un remedio transitorio del cual iba a prescindir cuando hubiera realizado su misión auxiliar. Deseaba que el raid se realizara con mis dos únicos compañeros.

Pero los ecos de los himnos y de los halagos se extinguieron y, camino adelante, me encontré de nuevo en medio de las dificultades y molestias propias del raid. Nos agobiaba, especialmente junto al Golfo de Tehuantepec, un calor espantoso.

A las cinco de la mañana salí del lugar donde fuera agasajada y caminé hasta las ocho de la tarde. En esta etapa las cosas iban tomando muy mal cariz. Los efectos del calor se agravaban con una desesperante falta de agua. Debí beberla sucia, de los charcos. Cuando de tarde en tarde divisaba una de aquellas carretas tirada por varios pares de bueyes, pedía una sola cosa: que me dieran de beber, y que me dejaran trasegar algo del agua de que eran portadores.

Me hallaba muy sedienta y de pésimo humor cuando un sargento de la policía de rutas, el rostro adornado con descomunales bigotes, me dió el alto inapelablemente.

—Si no presenta el pasaporte en toda regla no avanzará ni un metro más.

Yo sabía muy bien que en el sitio próximo a El Ocotal, por donde entré en el país, no se expedían ni se ponían en regla pasaportes de ningún género. A no ser que lo hubiera hecho algún arriero indio o los lagartos que cruzaban entre las zarzas del monte tupido.

—Tengo autorización, por la naturaleza de mi viaje y no necesito ese pasaporte.

—No me importa nada la naturaleza de su viaje. Usted transita como otro cualquiera y con aspecto más raro que otro cualquiera.

—¿Pero no lee diarios? ¿No ha escuchado una radio? ¿No sabe quién soy yo?

—Para mí es una mujer y tres caballos. Ya ve que todavía puedo distinguir.

—Falta distinguir un burro —respondí, sin poder contenerme.

La discusión se prolongó en el mismo tono y el de

los bigotes se obstinaba en que ninguna autoridad, ningún gobierno ni elemento diplomático podía interesarse y hacer excepción en favor de una perturbada que andaba como yo, vestida de máscara y buscando los peores caminos.

Entonces le enseñé mi libro de ruta y le mostré firmas y testimonios, algunos de ellos ya con el sello al pie ostentando el águila y la serpiente de los Estados Unidos de Méjico.

Por último, después de manifestar que él no firmaría en un libro así, no mostrando mi pasaporte, me dejó continuar advirtiendo que sometería el caso a los superiores y probablemente me alcanzaría en el camino.

No me alcanzó nadie, por supuesto, pero en cambio tuve que soportar los efectos de una sequía persistente en terrenos montuosos.

Los caballos, mis compañeros de tantas semanas y meses, me miraban como si quisieran preguntarme hasta cuándo durarían las incomodidades y penas inauditas que veníamos experimentando. A veces se detenían y yo debía animarlos con palabras cuyo sentido quizá adivinaban a través de la intención alentadora que yo ponía en ellas.

Éstos eran los achaques comunes a los dos animales. Pero siempre con efectos distintos en cada circunstancia, según se tratase de uno u otro. Diferían mucho *Furia* y *Chiquito*, el primero, muy nervioso, muy señorito, amante de la comodidad, le molestaba sobremanera el barro y se irritaba por cualquier cosa. El otro, en cambio, era mucho más rústico y sufrido, tenía aguante para todo y tenacidad para buscar los lugares más seguros donde poner el pie y refugiarse.

Pero todos los sinsabores y las luchas casi podían darse por bien empleados en Méjico, al recibir las atenciones de una gente que es la expresión de la caballerosidad, gente que parece hermana de los gauchos de la tradición más camperamente señorial. Son los charros de Méjico y sus instituciones, cuya generosa hospitalidad nunca olvidaré. Entrando en el Estado de Puebla empecé a ser agasajada por ellos. En poblaciones donde estaban radicados los clubes a que me he referido, se me declaraba huésped de éstos o de la Dirección de Turismo. Se me acompañaba desde antes de llegar a los pueblos con soberbia caballada, flanqueándome gallarda y gentilmente.

Tuve la más grata de las impresiones cuando vi por primera vez a estos jinetes con su vestimenta típica, de anchos sombreros picudos, chaquetillas cortas y brillantes y pantalón ceñido y abierto, de profusa botonadura. Observé en seguida con curiosidad la forma de sus monturas típicas, muy diferentes del recado que emplea el gauchaje y la gente de campo de la Argentina, y los grandes estribos colgando por bajo de los pies.

Con tales "pilchas" o atavíos los vi realizar las más perfectas y bravas faenas en los rodeos que se celebraban en mi honor. Mi entusiasmo por todas las tareas que se realizan a caballo y sobre la base de la maestría en el jinetear, tuvo allí completa satisfacción. Sobre todo, tuve que felicitar a estos jinetes cuando los vi voltear a los novillos enlazándolos por las patas traseras.

En Puebla admiré, además de los rodeos, todas las costumbres charras tan típicas y alegres. Bebí el pulque en las fiestas y bailes y en ellos admiré el zapateado que practican los más hábiles en este baile.

Al salir de Puebla, donde fuí recibida por el Intendente, me acompañaron los charros cerca de dos horas por un camino que me ahorraba varios kilómetros de recorrido. En seguida quedé, como de costumbre, sola y entregada a mi suerte.

Cabalgaba distraída, recordando lances y peripecias de todo género hasta del género sentimental, en especial lo de cierto charro que cerca de Puebla me manifestara su deseo de casarse conmigo. Yo le hice saber que, bien fuese una galantería espontánea o una decisión de su corazón, mi única tarea era la de proseguir y coronar mi viaje y nada que no fuera ello podía distraerme de mi designio.

Había metido el revólver en la bolsa cuando desfilara con los jinetes locales para no entrar en una ciudad así, ostensiblemente armada. Luego lo puse de nuevo en el cinto, pero como me había sentado muy mal el agua, en el último lugar en que la bebí, y por efecto de las molestias que me ocasionaba el revólver que me incomodaba con su peso sobre el vientre, lo volví a embolsar provisionalmente. No pensaba que iba a ser tan nefasto para mí este juego de quita y pon de mi arma.

Ya separada de los acompañantes a que me he referido, fuí a dar a una muy honda cañada que me produjo una especie de extraña aprensión, como esos presentimientos que lo asaltan a uno sin motivo concreto. Hasta mis dos caballos parecían participar de aquella impresión. Digo mis dos caballos porque a *Dragón*, el zaino con que se me había obsequiado en las circunstancias que mencioné, tuve que dejarlo en Puebla por no hallarse en condiciones de proseguir viaje en un raid como el que yo realizaba.

Había pensado "una cañada más" pero ya la estaba recorriendo cuando oí una voz fuerte y áspera:

—Alto, ¿adónde vas?

Aparecieron entonces dos hombres regularmente trajeados a la usanza del campo, con sombreros de grandes alas y con ese rostro achinado, moreno mate, y cabello renegrido tan corriente en el medio rural del país. Los dos empuñaban un revólver, y uno de ellos agarró la rienda del caballo en que iba montada. Mi primer impulso fué el de tomar mi arma con la mayor rapidez que me fuera posible, pero por las razones ya apuntadas no pude hacerlo. Con todo, quise acercarme a la bestia carguera, pero me lo impidieron con una amenaza de sus armas que no daba lugar a réplica.

Uno de los hombres me dijo:

—Somos de la policía. Tenemos que saber lo que lleva.

Yo disimulaba mi miedo como lo hago cuando más grande es mi temor, y con la energía de los momentos críticos, que yo misma no sé de dónde me sale repuse:

—Ustedes son asaltantes. Valiente cara de policías...

Ojalá lo hubieran sido; en general la policía fué mi aliada por todas partes y nada digamos de los servicios que me prestó después, en los Estados Unidos...

Pero sigamos el relato. Mientras uno de los asaltantes me inmovilizaba encañonándome, el otro metía mano en la bolsa que iba con mi equipaje. Sacó diversos objetos que contemplaba con mirada complacida: mi revólver, la cámara fotográfica que compré en Bolivia, un pañuelo de seda de mi traje de gaucho, un gran lienzo con la bandera argentina... También me quitó del arzón una cartera con cien pesos mejicanos.

En esto vi a otro hombre que desde el otro lado de la cañada observaba la escena. Lo llamé a gritos.

—Venga, buen hombre, mire lo que pasa. ¿No me puede ayudar? ¿No puede avisar a alguien?

Vino hacia nosotros, con una sonrisa que no me gustaba y saludó, muy confianzudo, no a mí sino a los que de seguro serían sus compinches.

—Un bandido más —dije yo, sin que se inmutara ninguno de los tres.

Les dirigí otros varios improperios, pero ellos se adueñaron con calma de las cosas que he mencionado. El pañuelo de mi traje de gaucho cayó en tierra y entonces, comprendiendo que por el momento no había modo de evitar el asalto, siempre amenazada por las armas de los asaltantes, rogué:

—¿Por qué no tienen por lo menos un rasgo y me dejan ese pañuelo que a ustedes no les sirve para nada y a mí me descabala el traje?

—Todo sirve y no estamos para perder el tiempo.

—Ya se llevan todo lo demás, y el dinero, déjenme eso que les digo.

Los asaltantes terminaron por acceder y uno de ellos me entregó el pañuelo.

—Para que no crea que somos así, bandidos no más.

—Como para no creerlo.

Intenté, con ruegos semejantes, que me entregaran el lienzo de seda con la bandera argentina, pero era mucha seda para que lo largaran.

Ellos querían que la escena fuera breve y me conminaron, viendo que estaba inmóvil contemplándolos:

—¿Qué quieres? ¿Marcharte tranquila, callada la boca, o morir ahora mismo?

La elección no era dudosa, pero mi miedo era temor que dispararan sobre mí en cuanto les volviese la espalda.

Eché a andar, preparados siempre mis oídos para percibir la detonación, pero ésta no se produjo y pude seguir adelante, acelerando el paso y sin volver la cara.

Todavía daba gracias al destino, sin comprenderlo bien, por no haber sido despojada de los caballos. Como me dijeron después al narrar lo sucedido, los caballos no suelen robarlos en casos así, porque son muy identificables por el pelo y sus características, sin contar con que los míos eran muy conocidos por las fotografías publicadas en los diarios.

CAPÍTULO XXV

LOS CABALLEROS CHARROS

Decidí regresar a Puebla para reponerme en lo posible de lo robado y me presenté en el Departamento de Policía para denunciar lo sucedido. Inmediatamente trascendió el hecho y hubo gran revuelo en la ciudad, especialmente en los medios hípicos y periodísticos. Me alojaron en un hotel y en seguida comenzó a notarse el deseo de todos de colmarme de atenciones para compensar el efecto que el ingrato episodio había ejercido sobre mi ánimo.

El propio señor Ávila Camacho, hermano del ex presidente de la república, me llamó para desagraviarme.

—Sé lo que ha sucedido —me dijo— y estoy muy apenado. Tengo gran simpatía por la Argentina, ese gran país desde el cual llega usted tan valientemente, y no sabe cómo lamento que haya sido en Méjico ese trago tan amargo para usted.

Los sinsabores del asalto me fueron compensados con creces por las autoridades mejicanas de Puebla y la mayor parte de las fuerzas vivas de la ciudad.

Había llegado a ella en un automóvil que se me brindó al paso, luego de dejar los caballos en un caserío cercano al pueblo de Huejotzingo.

Inmediatamente el gobernador del Estado, general Ávila Camacho, además del gentil recibimiento de que hablo, había ordenado al general David León Arias, jefe de Policía, que se me diera hospedaje en el hotel Royalty y se movilizaran las fuerzas policiales para tratar de detener a los asaltantes. Dos agentes con fuerzas a sus órdenes me acompañaron hasta el lugar del hecho y allí colaboraron en las pesquisas los presidentes municipales de Huejotzingo y Zacatepec.

Entre tanto, el Royalty, a las horas en que yo me encontraba en él, se llenaba de periodistas interesados en el episodio del atraco, que pasaba a ser la nota de actualidad en Puebla por aquellos días. Los titulares de los diarios reflejaban todos el interés que había despertado el suceso: "Asalto a la amazona argentina, Ana Beker, víctima de un audaz atraco." "Tres sujetos desconocidos la detuvieron cerca de Huejotzingo y le robaron dinero, su pistola y su cámara fotográfica." *El Sol de Puebla* expresaba: "Fué asaltada la amazona argentina. Sufrió el atraco ayer, cerca de Huejotzingo. Apenas la acababa de dejar un grupo de la Asociación de Charros de Puebla." *Diario de Puebla*, por su parte decía: "Asaltaron a la amazona. Tres individuos le tendieron una trampa."

Pronto se insertaba también en *La Opinión* y otros periódicos el siguiente suelto: "La amazona gaucha fué retribuída por el gobernador. Como una demostración de simpatía a la Nación Argentina y a su esforzada representante, la caballista Ana Beker, el señor gobernador del Estado, general Rafael Ávila Camacho, recibió cordialmente ayer a las ocho y treinta a la amazona en su despacho del Palacio de Gobierno, reintegrándole de su peculio personal lo que perdió en el asalto que la señorita Beker denunció ya ante las autoridades policiales. El general Ávila Camacho le expresó a la señorita Beker su profunda pena por el desagradable incidente, ocurrido cuando ella se dirigía a caballo con destino a la ciudad de Méjico, y le obsequió con una cámara fotográfica, una pistola, así como una ayuda económica."

Era verdad, y yo se lo agradecí de todo corazón.

Todavía a pesar de mi urgencia por trasladarme a la capital de Méjico, fuí objeto de agasajos, y entre las atenciones del general, agradecí mucho la de hacerme presenciar una exhibición de un famoso caballo llamado *Hidalgo Rojo* con su no menos famoso jinete, Severiano Hernández.

Yo no quería ya que me hablasen del asalto, pues deseaba olvidarlo, y hasta llegué a declarar que los ladrones habían tenido cierta gentileza conmigo.

Un periodista de Puebla me dijo irónicamente al oír cómo casi defendía a los asaltantes:

—No faltó más que usted les hubiera hecho firmar por la atención en su libro de ruta.

Sin embargo, tanto las autoridades como la prensa seguían ocupándose del asunto. El 4 de junio de 1953 *El Diario* publicaba esta noticia: "Ningún informe se obtuvo tanto de la Policía Judicial como del Servicio de Investigación, sobre el bochornoso caso de asalto que sufrió la señorita Ana Beker, caballista argentina, el cual sucedió ayer cuando tres individuos la despojaron del dinero que llevaba, más otros artículos de uso personal, en el momento de cruzar uno de los caminos vecinales cercanos a Huejotzingo. Tal mutismo se debe quizás al deseo de no entorpecer la labor policial que se viene desarrollando para saber quiénes fueron los autores de ese delito y poderlos capturar y ponerlos a la disposición de las autoridades correspondientes."

Y antes de partir pude leer un comentario que daba categoría de hecho decisivo a mi episodio: "De graves consecuencias puede ser el asalto sufrido por la viajera argentina para los planes turísticos de Puebla. En el caso de asalto a unos norteamericanos en Teotihuacán, se comprobó que la propaganda de la peligrosidad de viajar por la república era objeto de intensa y no disimulada publicidad. Esto, no hay duda, influyó en la disminución del turismo en lo que va de esa fecha a nuestros días. Es imprescindible que se redoble la seguridad y que se castigue a los autores del atropello y, para remedio futuro, que se aumente la difusión de las invitaciones para conocer la nación, y particularmente Puebla, tarea encomendada al Departamento de Turismo. Este asalto puede deshacer, de una plumada, lo que tanto esfuerzo y dinero ha costado al erario pueblano."

Pienso que es exceso meritorio de celo y exageración sacar tales conclusiones de lo que sabemos. Por mi parte, creo firmemente que no afecta en nada a la población de Puebla y de Méjico, pues en cualquier parte puede ocurrir algo semejante. Tampoco puede culparse en modo alguno a los charros Carlos Vera y Rafael Contreras Falcó, los cuales me aconsejaron tomar por el antiguo camino a Méjico, de tierra y muy bueno para los caballos, más corto, pero muy despoblado y de gran peligro. El consejo era muy bueno para un jinete, y excelente la intención; las abundantes haciendas como la de Santa Emilia, propiedad de los señores García la Puente, cerca de la cual ocurrió el hecho, albergaban gente pacífica y laboriosa.

Me habían dicho las autoridades que antes de salir de Puebla vería la cara de los bandidos que me habían asaltado. La verdad es que no la vi, aunque hicieron desfilar ante mis ojos una multitud de gente de dudosos antecedentes y de la cual era fácil sospechar.

Y ya que me estoy refiriendo a alternativas gratas de mi raid, diré que se me había avisado cómo preparaban ya en la capital, Méjico, mi recibimiento.

Al pasar por San Martín, los niños de las escuelas me esperaban formados en dos filas y me arrojaban flores. Esta escena se repite con frecuencia durante mi viaje, y en todos los países del recorrido. A veces tuve que demorar el horario previsto para hacer un relato de lo que ellos suelen llamar mis hazañas, y que son simples aventuras de un dilatado caminar. Los niños de ambos sexos forman entonces una asamblea en torno a mí y me hacen toda clase de preguntas. Como la imaginación infantil propende a lo fantástico, muchos desearían oírme sólo lances de ataques de fieras y de bandidos y cosas de este género. Yo les cuento la verdad, deteniéndome en lo que

me parece más aleccionador e instructivo. Y también en
lo que se refiere a una noticia geográfica y de general
información respecto a mi patria. En muchas ocasiones
los niños gritan después de oírme: "¡Viva la Argentina!",
y también: "Que vuelva la amazona", entre cariñosos
aplausos.

Por altavoces se divulgaba lo referente a mi raid. Bellas
chinas pintorescamente ataviadas salían a saludarme. En
algunos pueblos me entregaban banderas mejicanas y me
cubrían de papel picado.

En las termas de Aguacaliente pasé la noche alojada
en una casa particular de la excelente familia Camino
y experimenté una de las emociones más placenteras de
mi viaje. Me despertaron unas voces con la canción del
Ranchero. Abrí la ventana y vi a la gallarda tropa de jinetes de la Federación Nacional de Charros que se re-
querían para saludarme y acompañarme. Abrí la puerta
y abracé al presidente de la Federación. Era un simple
prólogo de las emociones gratas que me esperaban. En
la entrada de la ciudad de Méjico, el presidente, señor
José V. Rodríguez, me dijo que estaban todos impa-
cientes por agasajarme. Era verdad. Vi a la reina de los
charros, la señorita María Beatriz Baldovinos, muy bella
y tocada con el gran sombrero del país. También el entonces agregado militar de la embajada argentina en
Méjico, coronel Blas Alfredo Lomuto y señora Chela.

Uno de los domingos de mi permanencia en Méjico,
la Agrupación de Charros Regionales, juntamente con la
de charros de "El Amigo de Jalisco", me ofrecieron un
gran festival en el Rancho Grande de la Villa. Se vió
todo lo que había que ver en una fiesta de jinetazos: pia-
les, manganas a caballo, monta de novillos, paso de la
muerte y otras habilidades, así como bailes típicos, flo-
reos, haraba, tapatillo, etc.

Tales festejos culminaron en la comida campera, al
estilo criollo, ofrecida por la embajada argentina a la

charrería del Distrito Federal, correspondiendo a las atenciones de que yo fui objeto. En Coayacán, la quinta donde estaba instalada la embajada, se reunió un brillante concurso de gentes que lucían pintorescos atavíos, entre ellas el caballista Terán, Rogelio Martínez y yo. Estaba presente, también, la señora de Tezanos Pinto, esposa del embajador argentino.

Dadas mis aficiones desde que tengo uso de razón, a cuanto sea jinetear, admiré la pericia de los ejercicios de los charros; el pial en lienzo, la caída redonda, los lazos a caballo, las manganas y cuanto constituye el reportorio de sus habilidades.

Los diarios de Méjico *El Popular, El Universal, Excelsior, El Nacional,* etc., me despidieron con el mismo cariño con que me trataron desde mi llegada. Yo llevaba en mi retina la impresión de todo lo presenciado en los actos ecuestres, y también las bellezas que pude ver en la hermosa capital; el soberbio y artístico Palacio de Bellas Artes, el Hemiciclo de Juárez, el héroe siempre recordado, el lago de Xochimilco, lugar de encantamiento y ensueño que recorrí en una de las barcas típicas, deslizándose por la tersura de sus aguas... Y todo lo que no menciono por ser conocido de los viajeros que visitan las capitales cómodamente por el ferrocarril, auto o en avión.

Seguí por Méjico hacia el Norte después de dejar la capital, casi siempre por terreno muy seco y de poca agua y poco pasto para los animales. Los pobres sufren todos los sinsabores y no participan del placer de los buenos recibimientos en la medida que yo los experimento. Aunque si no del placer moral disfrutan en los lugares donde mejor se nos atiende, de buena pesebrera y de buen regalo.

Sesenta kilómetros antes de llegar a Victoria me esperaban los charros de allá con abundante comida para mis compañeros y con música para alegrarnos a todos.

La música me hace olvidar otro disgusto reciente. Dos tipos de muy mala catadura se me acercaron con insolencia y me dijeron que querían agua. Esta petición a quien iba como yo de camino y sin ninguna muestra de lo que se me pedía, era completamente absurda. Esta vez llevaba yo el arma a mano y perfectamente cargada. Les dije rotundamente:

—Lo único que tengo es esto.

Y les apunté con mi revólver.

Tengo la impresión de que sucedió algo al revés del asalto al salir de Puebla, es decir, yo madrugué y los otros tuvieron que agachar las orejas. Con todo, hice dos disparos al aire para dar más impresión de defensa. Luego supe que eran semiforagidos o atracadores de los llamados "espalda mojada", gente que pasa nadando a los Estados Unidos y los devuelven de allí en camiones.

La prensa de Victoria, a la que debo trato tan gentil y la de otras ciudades, se mostraron muy halagüeñas en el relato de este segundo episodio de asaltantes en tierra mejicana, diciendo que me había defendido a tiros de los bandidos. En realidad, las cosas en su punto, lo que hice fué encañonarlos y quitarles la decisión de atacar. En diarios de Tampico se leía con grandes titulares: "Se batió a balazos la amazona." Parece que uno de los hombres, de los "espalda mojada" habría sido herido gravemente y había dejado una huella de sangre, aunque se perdió su rastro. Yo sé muy bien que mis tiros al aire no lo pudieron alcanzar y deduzco que su herida debió producírsela un compañero en una pelea, o la policía al tratar de darle caza.

En Victoria se produjeron las mismas escenas en homenaje a mi persona, de otros sitios de Méjico: festivales brillantes, como el de los charros, banda municipal en marcha con todo el pueblo, engalanamiento de las calles como un corso, etc. Se me declaró huésped de la ciudad. Tuve inmejorable impresión de los charros de Victoria, tan espléndidos caballistas como los de Méjico y de Puebla. Los rotarianos me ofrecieron una animada comida.

CAPÍTULO XXVI

EL TRISTE DRAMA DE LOS DOS CABALLOS

Desde que penetré en el Estado de Tamaulipas y pernocté en el rancho Santa Anita, del señor José Sierra Bustamante, donde se regaló a los caballos con sabrosa caña de azúcar, no dejé de ser agasajada. Uno de los obsequios que más agradecí a los caballistas de Victoria fué la bolsa de pan blanco que me llevaron al cañón de Galeana, antes de mi paso por la Mesa de Llera. Sabían que me gustaba muy poco la torta de maíz prodigada como alimento popular, y me ofrecían el sencillo, diario y delicioso manjar.

Me acerco a la gran nación de los Estados Unidos de Norteamérica. Habiéndome detenido en Matamoros, junto a la frontera, un estanciero muy conocido en la región me invitó a alojarme en su casa y a dejar a mis animales en su campo y sus establos, donde se les trataría a cuerpo de rey. En efecto, así lo hizo en un principio, y yo no sabía cómo agradecérselo a don Everardo Villareal, que así se llamaba. Hizo fervientes protestas de que mantendría así a mis caballos todo el tiempo que necesitara para mis gestiones de ingreso a los Estados Unidos.

Las gestiones fueron toda una historia. ¡Y qué historia! Me presenté con el pasaporte al agente de inmigración en la oficina tejana y me contestó sin decir "agua va":

—Usted no puede pasar al país porque no persigue fines deportivos.

—¿Cómo? —abrí los ojos asombradísima.

—Usted va a dar conferencias y hacer campañas y a sacar el dinero de la gente.

—¿Yo?

—Una carga pública.

—Pero, qué conferencias, si no hablo una palabra de inglés.

—No importa. No se empeñe ni muestre documentos porque no va a pasar.

Después de todas las gestiones que me fueron posibles en Matamoros, logré recibir de la capital cartas del Intendente y de la Policía de Emigración, y me acerqué en un auto que una amiga mejicana me ofreció a la oficina fronteriza. Estaba en el extremo mejicano del puente y, apenas me vió, un policía vino hacia mí como un rayo y abriendo la portezuela me sacó violentamente del coche.

—He dicho que no pasa. Mire, vea, ése es el camino de Méjico. Venga, no se vaya a escapar.

Y seguía agarrándome del brazo.

—Apelaré y pasaré.

—Puede apelar a quien quiera. Aquí no hay nada que hacer.

No me dejaron ir por el puente, por la mano que me correspondía.

Siempre con los dos animales al cuidado del señor Villareal que he mencionado, fuí en ómnibus a Méjico, pues en el consulado me dijeron que no podían hacer nada, porque mi caso dependía de las autoridades de la Emigración. También en la capital la autoridad consular norteamericana expresó que le apenaba mucho lo que ocurría, pero el ayudarme estaba fuera de su jurisdicción.

Mientras, en Matamoros se desencadenaba una resonante campaña por la conducta que observaban los funcionarios de la frontera a mi respecto. Se criticaban los pretextos con que se quería interrumpir mi viaje impidiéndome la nueva e importante etapa. Un portavoz del Servicio de Inmigración de los Estados Unidos declaró "que se negó permiso para entrar al país a la amazona argentina Ana Beker, porque ésta no tenía suficientes fondos y podía por lo tanto, llegar a ser una carga pública. Pese a que la caballista Ana Beker cuenta con un pasaporte legal para internarse en los Estados Unidos hasta por doce meses, inexplicablemente las autoridades de Inmigración de la ciudad de Brownsville no le permitieron la entrada al vecino país, motivo por el cual la famosa jinete no tuvo otro remedio que regresar ayer a la ciudad de Méjico en un camión de pasajeros. Ana Beker enseñó a los redactores de los diarios locales el pasaporte que le fué extendido en el consulado de los Estados Unidos en Méjico, distrito federal, el cual indica que le fué concedido para internarse en los Estados Unidos durante el mes de julio de 1953, y que fenecía en el mismo mes, pero del año 1954".

Comenzaron a llegar cables de United Press y otras agencias. Arreció la indignación general.

Pero el tiempo pasaba y me esperaba algo mucho más desolador para mí que la injusta negativa de la Emigración de Texas a mi paso hacia el Norte. Yo he dicho que quedaban mis caballos al cuidado del señor Villareal, quien se había ofrecido espontáneamente a ello. Yo no sabía de lo que era capaz este hacendado, acaparador y revendedor de cosechas, que compra el maíz a los chacareros y negocia con él en gran escala. Habían pasado cerca de tres meses cuando por fin tuve un respiro para ocuparme de los animales, confiada en que se encontraban perfectamente bien.

Pregunté por ellos en la casa del negociante y mucho me extrañó, de buenas a primeras, comprobar que no estaban en el campo, o en el establo en que pastaban o descansaban cuando yo los dejé. Me extrañó más aún la brusquedad y tono agrio con que me hablaba el antiguo hombre amable, señor Villareal.

—¿Sus caballos? Ah, sí, los envié lejos, a otro campo. Si no les ha ocurrido nada allí estarán.

El corazón me anunciaba algo indefinido.

—Quiero verlos.

—Yo le digo que es lejos de aquí.

—Pues quiero verlos, y tiene que ser hoy mismo.

—Sólo se va en camión.

—Pues venga en seguida el camión.

El tipo no me hace ningún caso y tengo que recurrir a unos amigos de un club de Matamoros que me proporcionan un camión para trasladarme a cincuenta kilómetros de allí, donde, según el hacendado, están ahora los animales.

—Yo le adelanto —me dice Villareal al salir del camión— que están muy flacos con la tristeza de no verla; se negaban a comer.

Yo sé perfectamente que los caballos por mucho que extrañen al dueño más querido y por muy tristes que queden con su ausencia, no se privan de comer teniendo con qué hacerlo. En ellos la comida es una función casi mecánica que nada tiene que ver con estados de ánimo.

Llegamos al campo que era un yermo, donde se encontraban las bestias. Pude ver un cuadro para mí inenarrable. Allí estaban *Furia* y *Chiquito Luchador*. Costaba trabajo reconocerlos. Flacos, peludos y llenos de suciedad. Los huesos parecían querer agujerear la piel. Se contaban las costillas. Al verme alargaron el cuello, apenas con fuerzas para hacerlo, y más que un relincho salió un débil lamento de la garganta de los pobres animales.

Estaban atados con una soga corta y por ello no se habían podido tumbar. *Chiquito* con la barriga hinchada; al lado de ellos había un charco de agua sucia al cual ni siquiera pudieron acercarse. Me aproximé y acaricié su pelambre de animales famélicos y los huesos que parecían descarnados. Hasta los ojos estaban casi velados por el polvo y las lagañas.

Temblando de indignación y de pena por mis compañeros, ahogando los sollozos, dispuse cargar a las bestias en el camión. *Chiquito* cayó en tierra cuando se lo cargaba.

Ya no pude contenerme y rompí a llorar amargamente. Aquellos dos seres queridos, entrañables, generosos de su lealtad y de su esfuerzo, habían sido colocados de un modo vil y cobarde al borde de la muerte.

Supe en seguida que primeramente don Everardo largó a las bestias a la calle, y que éstas vagaron, hambrientas y sedientas, golpeando las puertas y asomando el hocico en la imploración de un poco de agua. Los chiquillos les arrojaban piedras y jugaban con ellos, y corrieron el gran peligro de que los recogiesen las autoridades como animales inútiles para destinarlos a la alimentación de las fieras del Zoológico.

Como puede suponerse, llené de insultos al causante de aquella crueldad que me sublevaba hasta lo indecible.

—¡Criminales, criminales! —les gritaba enfurecida al hacendado y a los que tomaron parte en la fechoría—, si lo hubieran hecho conmigo no los hubiera odiado tanto.

Supe que el cambio de actitud de Villareal para mis animales se operó al enterarse de que no me facilitaban el acceso a los Estados Unidos. Y como lo hecho no tenía remedio, cuando se informó de que finalmente me dejaban pasar la frontera fué cuando los envió al campo donde yo los hube de encontrar.

Un español que vestía de charro, el señor Barrera, se ocupó por lo pronto hidalgamente de *Chiquito* y de *Furia*.

Al conocer la opinión pública y los periodistas el ingrato suceso, hubo un verdadero clamor en Motamoros. La conducta del hacendado contrastaba precisamente con todo lo que tiene de noble y hospitalario, sobre todo tratándose del trato a una mujer, el carácter mejicano. La campaña periodística fué abrumadora para el llamado don

Everardo. El periódico *El Bravo,* de verdadera y sana bravura, dedicó columnas enteras al desafuero. También *La Voz de la Frontera,* que publicaba esta información el día 5 de diciembre de 1953: "En una escena de hondo patetismo que avergonzó a los reporteros, la caballista Ana Beker acusó ayer ante éstos a Everardo Villareal, como responsable de que los dos caballos de la amazona se encuentren actualmente imposibilitados para caminar, debido a que durante varios meses carecieron del alimento necesario que Villareal se comprometió a proporcionarles mientras la Beker gestionaba en Méjico permiso para internarse en los Estados Unidos. Con los ojos llenos de lágrimas, la caballista relató la terrible impresión que le causó ver el estado de sus animales, y el sarcasmo con que Villareal le explicó, a su regreso, que los caballos se negaban a comer en ese tiempo, 'porque la extrañaron mucho'. Durante una larga plática con los periodistas, la Beker pronunció frases de profundo significado, como éstas: 'Tuve a Méjico en mucha estima porque en ningún otro país recibí el generoso tratamiento que aquí se me dispensó, pero lo que me han hecho en Matamoros nunca lo podré olvidar. Everardo Villareal es un hombre que posee mucho dinero pero es pobre de conciencia. Nunca creí que un hombre de a caballo tratara así a los caballos. He sufrido muchas penalidades en el viaje que estoy haciendo, pero es en Matamoros donde sufrí la mayor.' Los hechos que nos relató la amazona los denunció ella ayer a la Presidencia Municipal, la cual ordenó se le dotara de los medios para que ella y los animales subsistieran. El percance sufrido por sus animales la obligará a demorar su viaje por unos diez días mientras sus caballos se reponen de la falta de alimentación. También nos relató la caballista, que ella se había referido en la embajada argentina en Méjico al fino trato que había recibido de Villareal y de la Asociación de Charros, y que la Embajada les había enviado mensajes de agradecimiento."

Tanto con censuras formuladas en tono serio como con burlas, chistes y caricaturas, fué denunciada públicamente la conducta del señor Villareal. Décimos, largas tiradas de versos jocosos... *El Bravo,* del 7 de diciembre, insertaba una gran caricatura en la que un hombre de campo de Méjico confiaba dos caballos a Villarael, diciéndole: "Don Everardo, quiero que me cuide estos caballos... Pero recuerde que soy argentino."

La municipalidad se comportó exactamente al revés de don Everardo y tomó a su cargo la estada de mi persona y de los animales hasta partir para Norteamérica. Otros muchos se comportaron muy bien, como el aviador señor Ariola y la esposa de éste.

Cuando ya tenía resuelto todo lo concerniente al paso de la frontera, la Inspección de Ganadería llevó la minuciosidad de sus observaciones hasta comprobar que *Furia* era ciclán, es decir que estaba castrado a medias, con sólo la extirpación de un testículo. De nuevo varada y en la incertidumbre. El veterinario extrajo sangre a *Furia* para enviarla a Washington y que se averiguara por el análisis si podía procrear o no.

Llenados también estos requisitos, la despedida de Matamoros fué por todo lo alto. Hubo un acto frente al Consistorio, con el concurso de la banda municipal y la de tambores de los estudiantes. En el último agasajo quiso intervenir el señor Villareal y ofrecerme amable reconciliación para que se olvidara lo sucedido. Me negué a que se le invitase. No se había apaciguado mi disgusto.

No obstante esa actitud aislada, en Méjico se me ha rodeado de un clima moral para el que sólo puedo tener palabras de alabanza. Del otro clima, del verdadero y físico, también puedo decir que fué generalmente benigno. Si se hacen algunas excepciones, como el enorme calor en Chuluteca, que me obligaba a viajar de noche y descansar durante el día. El calor, después de todo, por muy penoso que sea, permite acampar al anochecer a la intemperie con los caballos. Tiene eso sí, inconvenientes penosos, y uno de los principales, la falta de agua, que en general puede acompañarlo.

En el caso a que me refiero ahora, esta falta me obligó una tarde a beber en un charco de agua sucia, casi lodo, aún sabiendo las perturbaciones intestinales a que me exponía.

CAPÍTULO XXVII

EL FURIOSO HOSPEDERO

Por fin, en la propia raya de la frontera. Paso por Río Bravo. Me acompañan hasta la Emigración periodistas y gente de la radio. Se impone el recurso de mostrar dólares suficientes para los gastos del tiempo que he de permanecer en el país. Salgo airosa con una pequeña trampa, que debe perdonársele a quien como yo está siempre escaso de dinero y necesita por encima de todo reanudar su viaje. (Hay quien se dedica a dejar los dólares a quien no los tiene, para que los muestre en el momento del trámite y luego los recobra, con una comisión.)

Al entrar en contacto con gente norteamericana, principian los inconvenientes de no poseer el idioma, y "debuto" en las interrogaciones que luego ya no se interrumpirán, con un papel escrito que muestro para que se me ayude a pasar el puente. En adelante el paso de los puentes con la saturación de tránsito y la confusión de las varias direcciones, me creará momentos en que no sabré qué hacer. Los caballos se solivinatan, especialmente *Furia*, pues *Chiquito* es mucho más dócil, sereno y sensato. Con *Furia* hay que estar siempre alerta. En algunas ocasiones, ya mareada en el bloqueo del tránsito, sacaré un pañuelo rojo, señal de peligro, que obligue a todos los vehículos a que aminoren la velocidad.

Apenas entrada en el territorio norteamericano puedo decir que me encuentro en el paraíso de la comprensión y de las facilidades. El pórtico o prólogo de la frontera ha sido penoso, pero después entro por una senda cómoda en un pueblo excelente.

La primera zona, la de Texas, tiene un poco de mejicano o de hispánico, pero en general predomina allí lo norteamericano. Encuentro frecuentemente personas que se ponen a mis órdenes de un modo gentil para acompañarme y ayudarme. Oscar del Castillo, director de la sección española del *Heraldo de Texas*, es señaladamente una de esas personas.

Como por efecto de lo ocurrido en Matamoros los caballos no están en condiciones de seguir, tengo que demorar quince días, y en este tiempo me atiende con excelente trato el presidente del club "Los Leones", institución internacional de solidaridad, semejante en algunos aspectos a los Rotarios.

Paso el año nuevo en Harligen con los alegres muchachos de la United Press y con personas de la televisión y de la radio, gente toda ella a la que nunca agradeceré bastante, y de un modo especial a la gran "milicia" de la United Press.

Desde la entrada en Texas soy frecuentemente seguida por las cámaras fotográficas y filmadoras, y se me ofrecen toda clase de regalos para una vida de bienestar que contrasta con la que muy bien conoce el lector, pues la he relatado en capítulos precedentes. En ocasiones me sigue una escolta de policía compuesta por los uniformados más amables que se haya podido ver.

Me ofrecieron dos caballos de excelente raza, de las que se crían en estos grandes pastizales, dos equinos magníficos, pero tuve que rechazar el ofrecimiento.

—No abandonaría por nada del mundo a *Chiquito* y a *Furia,* aunque quisieran cambiármelos por las dos mejores cabalgaduras que tuviesen los reyes de Arabia. Con mis dos camaradas de fatigas he recorrido lo peor del viaje. Deseo de todo corazón llegar con ellos a la meta.

Alguien me sugirió:

—Debe aceptarlos, que son animales muy finos, y sin abandonar los que lleva los puede vender.

—No soy comerciante, sino deportista, excúseme —respondí.

Otro tanto hube de contestar al empresario de un programa de televisión, que me proponía unas exhibiciones a mi beneficio.

No sólo me lo impedía mi concepto de lo que debe ser un raid, al que repugna todo propósito de lucro, pesaban también las advertencias reiteradas de la Emigración, que se me hicieron presentes en ocasión que he narrado en estas mismas páginas.

A través de Kennedy y Elberg, pasando por Riviera y Ricardo, llego a Kingsville donde existe, según es fama, el establecimiento agropecuario más grande del mundo, cuyo nombre es King's Ranch. Allí me visten flamantemente de cow-boy, me hacen pasar al piso de deportes y, después de una animada exhibición, el señor Claude Chastaut, gerente del bazar anexo al enorme rancho mencionado, me advierte que puedo llevarme lo que me guste. Apenas mis ojos se posan en algo, ya sean camisas, prendas de ranchero o cosas similares, me dicen que es mío y me lo ponen en los brazos. Yo me hubiera contentado con el recuerdo de esa jornada, pues en Kingsville, desde que entré, se me atendió hasta el punto de ordenar encender luces rojas en toda la carretera para que nadie transitara simultáneamente con mi llegada. Eso sí, cuando me hablan de llevarse los caballos para comer y descansar en un gran campo cercano, les digo que quiero tenerlos bien cerca. La lección de lo que me ocurrió donde sabemos me tiene alerta siempre. En vista de ello instalan a los animales en el propio jardín, junto a mis ventanas.

De Kingsville, por el territorio de Nueces y Boshop, a Corpus Christi. Allí una gran jornada de fiesta por invitación de la prensa y la radio.

Por Sinton, Refugio, Victoria, Edna, El Campo, me acerco a Rosemberg.

Ya hasta *Chiquito* y *Furia* me miraban complacidos, como diciéndome: "Hay que ver en este mundo de las personas y de los caminos —y de la falta de caminos— lo variable que es la suerte. Ya no más montañas para saltar como cabras y romperse los hocicos, ya no más ríos sin puentes para estar en un tris de perecer ahogados; no más ciénagas para hundirse hasta la panza y salir a fuerza de soga; ni embarques trastabillando y cayendo como sapos desde las roldanas, ni más hambres hasta la extenuación ni el dolor agudo de las tripas."

Parecían satisfechos, como lo estaba yo, del cambio de circunstancias. Sin embargo, al acercarme a Rosenberg, en zona poblada por colonos no norteamericanos, gente muy laboriosa y apegada al terreno, sin más horizontes que sus granjas, los hombres y las familias huían de mí sin esperar a que les dirigiese la palabra. Era como otro tropiezo con el muro de las dificultades.

En pleno campo me sorprendió una tormenta que me caló los huesos hasta hacerme tiritar y dar diente con diente, y erizó el pelo de mis animales. Movían éstos tristemente las orejas como si pensaran en el retorno de aquellos malos tiempos de barrizal, granizo y otros azotes semejantes.

Tuve que resguardarme, para pasar la noche, en un cementerio, cuyas tapias abrigaban del temporal y cuyo recinto me garantizaba contra cualquier encuentro inoportuno. Descubrí que el lugar era excelente en cuanto a seguridad y calma. En un principio al elegirlo me produjo algún estremecimiento, como se lo produce a otros, pero después me di cuenta de que todo temor era infundado.

Aquella noche, hacia el filo de las doce, amainó la inclemencia del tiempo. Pude dormitar tranquila. De cuando en cuando a la luz de la luna, que estaba como colgada encima de mis ojos, veía a los caballos comer el pasto que crece entre las tumbas. Nunca los vi tan despreocupados. Aquella vecindad del sosiego de las lápidas fué, en resumidas cuentas, un acierto.

Después, muchas veces los periodistas publicaron crónicas de no poca sensación contando mis estancias en tales lugares. Muchas personas, sobre todo mujeres, se llevaban las manos a la cabeza.

—Pobrecita, pobrecita. Lo que tiene que pasar.

Yo decía para mis adentros que hubiera cambiado todas las penalidades desde que salí del kilómetro cero de Buenos Aires, por los descansos entre tumbas que tanto espantaban a mucha gente.

Me desvío hasta Houston, y al salir de la ciudad encuentro pocos pueblos en el camino. Ninguno, por decir mejor, en una gran extensión. Me veo obligada a pernoctar en condiciones poco confortables.

Voy por la gran ruta que, relativamente cercana a la costa, comienza en Brownsville y llega al límite del Estado de Orange. Después de Houston la otra gran ciudad es Baumont. Aquí pierde *Chiquito* una herradura y le confío su casco a un señor, quien dice que sabe herrar. Lo dice, sí, pero no lo demuestra en la práctica. A *Chiquito* lo hierra pésimamente, clavándolo en la carne y haciéndole pasar doce días de calvario.

Hago alto en un caserío de negros, en el cual alguien pasó la noche golpeando en las puertas. Transcurre mi noche con el revólver en la mano, sin que averigüe al amanecer la causa de los golpes. Como sólo me interesa quemar etapas y no explicarme lo que pudo suceder y no sucedió, al advertir que prosigo sin inconvenientes mi camino no hago pregunta alguna y evito toda averiguación.

Salgo de Texas dejando una estela de comentarios periodísticos que empiezan en Brownsville, con la glosa de Augusto Auriac en el *Heraldo* de allí, el domingo 20 de diciembre: "Pasó al fin la señorita Ana Beker, la amazona argentina, la frontera con sus dos cabalgaduras, y hoy, mañana, dentro de unos cuantos días, reanudará su viaje hacia el Canadá. Será sin duda una de las hazañas más notables que se hayan realizado sobre todo en esta época del año, porque si todavía no estamos oficialmente en invierno, ya está nevando copiosamente en muchos lugares del Norte, hay ventiscas y borrascas y todos los fenómenos metereológicos de la temporada. Podemos figurarnos cómo estará aquello en cuanto pase la Navidad y baje más la temperatura. Anteayer, por ejemplo, los termómetros señalaban cinco grados bajo cero en Jefferson City."

Lo del frío es literal y lamentablemente exacto. Por un capricho del clima pasamos el frío más horrible de todo el viaje. Siempre recordaré, por ello, el norte de Texas. Con la cara amoratada, la nariz hecha un témpano insensible, los labios resecos y con grietas, avancé durante algunos días. Si bien los fríos del altiplano del sur, y otros lugares del continente, lo eran en parajes desérticos y sobrecogían por la soledad, no sé por qué, nunca o casi nunca tuve la misma sensación de baja temperatura. *Furia* y *Chiquito*, aunque en mejores condiciones para entrar en calor por el ejercicio del paso que a veces convertía yo en trote, iban ateridos también. Yo, como de costumbre, les hablaba.

—Animo, amigos; ésta debe ser la última crudeza de los elementos que hayamos de soportar. Verán como no me equivoco. Y si me equivoco, me perdonarán ustedes como otras veces.

Con huellas de mis pasos en las crónicas periodísticas de Eleanor Galt, Bill Baz, Nicolás Ochoa y otros, dejé atrás el Estado de Texas y entré en el de Louisiana. En Lake Charles fuí recibida muy deferentemente por el cónsul de Cuba, y poco después, dirigiéndome a Nueva Orleans, y unas veinticinco millas antes, supe qué era todo lo contrario de la deferencia.

En las carreteras y especialmente en las cercanías de las ciudades grandes, existían hoteles o paradores de ruta, cómodos y confortables, destinados a los viajeros, con piezas para alquiler y garaje para autos. Me dirigí a uno de ellos, como podría hacerlo cualquiera en caso análogo, y pedí el albergue con toda naturalidad. Pedía los servicios normales a que estaba obligado el parador. En el primero de los hoteles a que me dirigí, me negaron el alojamiento. En el segundo lo mismo. En el tercero, sin permitir que me acercase a la puerta, el patrón, un hombre de gesto irascible, me contempló con desdén y acritud.

—Aquí no hay plaza para usted. Usted es *spanish*, mejicana, de esa clase de gente.

—Soy argentina, pero sea de donde fuere, aquí hay obligación de alojarme, pues para eso están estos hoteles.

Yo hablaba muy despacio, y pude observar que algunas palabras y la sustancia de lo que decía eran comprendidas por aquel energúmeno. Digo energúmeno y es lo menos que se le puede llamar. Insistí, sin la menor intención de dar mi brazo a torcer. No podía continuar en la carretera por la noche debido al peligro del tránsito y de la luz de los faros de tantos coches, cuyo resplandor encandila a los animales.

Ahora, a través de los Estados Unidos, los peligros que corremos yo y mis bestias obedecen a causas opuestas a las que corrimos en parajes desérticos de otros países. Lo que hay que temer de ahora en más es el exceso de gente, de vehículos, que suelen congestionar las carreteras. La marcha cansina de mis caballos en las rutas más frecuentadas, resulta una estampa desusada y pintoresca. A cada momento tengo que cuidar con mis sentidos aguzados, que los autos no atropellen o hieran de refilón a mis caballos. Muchos de los que van en el volante muestran cierto enojo al tener que esquivar con violencia el obstáculo de mis animales, pero la mayor parte de la gente de los vehículos me dirige palabras de sorpresa y alegre comentario. La vigilancia y el susto continuo son cosas que me tocan a mí.

Quise explicar al furioso hotelero lo imposible de seguir en la noche con el tránsito que originaba la proximidad de Nueva Orleans, pero en vez de comprender se enfureció más .Afirmé que si no me dejaba entrar me quedaría en el jardín con los caballos hasta que fuera de día. Para mostrarle que lo haría así, me senté en el césped con las riendas de los animales en las manos. Cuando los caballos comenzaron a pisar las plantas del jardín vi al hotelero acometido de cólera tal que intentó sacarme de allí a viva fuerza, y por si no era bastante para hacerlo, llamó a otro hombre que tironeó de los caballos. Este hombre me arrancó el rebenque en un descuido e intentaba golpearme con él. Yo esquivé los golpes, pensando siempre que no era el momento de apelar a mi revólver. "Al monte, al monte, usted debe dormir en el monte", me gritaba el patrón fuera de sí. Pregunté cuál era la autoridad más cercana y me dijeron: el *sherif*.

Me amenazaron con llamar a la policía, y yo les dije:

—Háganlo, háganlo. Los de la policía son mis amigos.

El *sherif* dictaminó que en realidad tratándose de un negocio particular como era el hotel, no podía hacerse fuerza al propietario para que admitiese a alguien contra su gusto. Alegué que tales hoteles se encontraban en los lugares poco poblados junto a la carretera, precisamente para los viajeros en mis condiciones.

Se encogió de hombros.

—Yo lo siento mucho...

Grité y volví con las bestias al hotel donde se me había negado la entrada dispuesta a lo que pudiera ocurrir.

El alboroto atrajo a la policía, y algunos de sus agentes fueron a buscarme y me comunicaron que se ocuparían de mí. Me condujeron sencillamente a la cárcel del lugar, acomodaron los caballos convenientemente y me hicieron entrar en el recinto. Vi las rejas de los calabozos y pregunté:

—¿Tengo que dormir entre los bandidos?

—Sí —me contestaron—. Por lo menos bajo el mismo techo. —Y abrieron una de las rejas.

—Al fin tendré dormitorio.

Luego me llevaron a un dormitorio verdadero, una pieza instalada confortablemente que se hallaba en la misma cárcel, pero que no pertenecía al régimen carcelario.

CAPÍTULO XXVIII

POR LAS GRANDES RUTAS DE ESTADOS
UNIDOS

En Nueva Orleans me aguardaba uno de los más gratos recibimientos de la historia. (Perdónenme que yo llame historia al relato de mis aventuras.) Me nombraron ciudadana honoraria en una ceremonia de las que no se olvidan, y me entregaron la llave simbólica, como hacen a veces en esa a modo de "República Independiente" que es este simpático rincón norteamericano. Fuí heroína ocasional de la televisión y la radio. Pasé allí estupendamente bien los carnavales y se me consideró como un casi acontecimiento. El boletín de noticias de la Casa Internacional de Nueva Orleans del 1º de marzo de 1954 hablaba así de mi llegada: "El viaje de Ana Beker, porteña de nacimiento, parece más bien una aventura arrancada de las páginas fantásticas de un cuento hollywoodesco, pero la realidad es que la joven mencionada arribó a Nueva Orleans la semana pasada con dos caballos, después de haber cubierto treinta mil kilómetros, los mismos que separan a la ciudad de los *tangos* del segundo puerto de los Estados Unidos. Llena de salud, optimista y con un aplomo maravilloso, aunque con cuarenta libras menos, llegó Ana ante la admiración no sólo de esta ciudad, ni de las otras visitadas durante su trayecto del Estado de Texas, sino de todo el país. Naturalmente, la mujer norteamericana partidaria de la doctrina político-social que predica la igualdad de ambos sexos, en lo que se refiere a labores físicas, ha tomado a la valiente argentina como un ejemplo de lo que son verdaderamente pocas las diferencias existentes entre la mujer y el hombre." El único pequeño error del comunicado es llamarme porteña de nacimiento, y en realidad es frecuente que se tome la capital por el país, y lo que se quiere decir es argentina de nacimiento.

El cónsul, señor Fernández Mira, se ocupó de mí durante la estancia en Nueva Orleans, y pidió que se me escoltase con dos policías hasta la salida al campo, para que no me extraviara entre el enorme tránsito y no fuera atropellada por él.

Anoté en mi memoria los atractivos de la ciudad que con razón se llama en los Estados Unidos la puerta de entrada al Sur; el trato de sus principales familias, casi todas criollas y descendientes de colonos franceses y españoles; sus típicas casas del barrio central con patio o jardín y artísticas rejas y tres pisos a lo sumo, la plaza Jackson, la antigua plaza de Armas española, y los edificios de antaño, como la iglesia de San Luis. La desbordante alegría de su carnaval o "Mardi Gras" que tuve el gusto de vivir... También me quedó bien impresa la contemplación del gran Missisippi o Padre de las Aguas en lenguaje indio, en cuya desembocadura, sobre el Golfo de Méjico, se halla el puerto de Nueva Orleans.

Uno de mis acompañantes más asiduos en la población mencionada, joven profesor de castellano, me hizo notar que este gran río a que me refiero en el párrafo anterior, con sus cuatro mil kilómetros de extensión tiene una cuenca mayor que la del Nilo, sólo superada por el Amazonas. Admiré sus defensas de cemento y me causaron grata impresión los alegres barcos de excursiones y los destinados al transporte de chatas.

Llena de ánimo, como el barco a quien el buen viento hincha las velas en plena travesía, entré en el Estado de Alabama. Las cámaras de comercio de los pueblos importantes fueron las que más se ocuparon de mi persona. En Birminghan los candidatos a la Intendencia Municipal estaban en pugna política, y hacían cada uno su respectiva propaganda. Por eso ambos me colmaban de atenciones para que yo también, aunque de paso, estuviera de su parte.

En Chattanoga, ya en el Estado de Tennesse, me esperaba una comisión de residentes argentinos. Por cierto, que hallándome en Nueva Orlean ya recibí allí un telegrama anunciándome que preparaban con anticipación el alojamiento de mis caballos.

Mis amigos, entre otras atenciones que debía agradecerles, me brindaron con un delicioso viaje en el tren funicular que sube verticalmente en parte de su trayecto y desde el cual se contempla a vista de pájaro un pintoresco panorama. A la cima, que también se alcanza por una carretera en espiral para los autos, hay personas que llegan mareadas por la ascensión.

En este Estado de Tennessee como anteriormente en Alabama y en Missisipi y en muchos otros, se suspendieron las clases a mi paso.

Sorprenderá que al relatar esta parte del raid lo haga en forma somera. Es que la marcha a través de los Estados Unidos no ofrece las sorpresas, ni los peligros, ni las aventuras propias de regiones selváticas o desérticas de que hay no pocas muestras en esta mismas páginas. Es, por decirlo así, el camino por lo previsto, por lo claramente indicado y sin más sorpresas para el viajero que la excelencia de la organización, el creciente progreso y la magnífica edificación de sus ciudades.

No obstante, el recorrido, a paso de cabalgadura, ofrece las inevitables alternativas de origen climatérico. Cuando llueve reciamente, hay que proseguir a caballo y evitar que el agua nos ciegue además de dejarnos empapados. No menos seria es, para mí, la dificultad que me crea el desconocimiento del idioma: este desconocimiento me ocasiona grandes demoras al tratar de obtener informes con respecto a los caminos. He descubierto, más de una vez, en la cara de los que pasaban a mi lado, a la velocidad de sus autos y sobre todo en días pésimos, una expresión en la cual había un poco de sorpresa y otro poco de conmiseración.

Yendo por Virginia, en una de esas jornadas que digo, de tiempo malísimo, unos camioneros que pasaban con su enorme vehículo pintado de rojo y un acoplado de grandes proporciones, detuvieron la marcha para decirme trabajosamente, hasta hacerme comprender, que era inaudito marchar así. Estaban compadecidos de una mujer que avanzaba en tales condiciones y cuando les pude decir aproximadamente por qué lo hacía mostráronse aún más sorprendidos.

—¿Adónde va?

—Por de pronto, a Nueva York.

—¿Pero así? ¿Con esos pobres animalejos?

No salían de su asombro. En el país de los caballos de motor, el caballo de sangre como medio de transporte parece un retroceso a la época de los pieles rojas. Me propusieron muy campechanamente que metiera los caballos en el acoplado y yo subiera al camión, hasta Culpeper, término del recorrido de ellos, pero yo traté, aunque sin conseguirlo, de explicar por qué no podía aceptar la invitación. Uno de los camioneros, que debe ser tejano o californiano, porque entendía un poquito de español, me dijo:

—Aquí no la ve nadie. Nadie se va a enterar.

—Lo veo yo misma y no puedo engañarme haciendo traición a mi propósito.

—Bueno, bueno —exclamó el del volante acelerando y haciendo un gesto que parecía significar: "Cada loco con su tema."

Mi entrada en Washington, la histórica capital de la independencia americana, me parece solemne y la considero un magnífico acontecimiento. Mis caballos y yo formamos en el majestuoso puente sobre el río Hudson, un grupo completamente exótico, con algo de recuerdo a los conquistadores de otras épocas. Todo hubiera sido en verdad solemne de no mediar el temor que me obligaba a estar siempre alerta.

Prensa, radio y televisión, arrecian en torno mío. También, después de mis primeros sustos en el puente, me encontré con que me esperaban personas a quienes tengo que agradecer su magnífica recepción. La prensa lo consignaba en sueltos como éste: "Ana Beker, señorita argentina que dice haber hecho a caballo el viaje de su país a Estados Unidos, recibió una bienvenida oficial a su llegada a esta capital. Una escolta policial y diplomática de honor acompañaba a la joven amazona mientras cruzaba triunfalmente el puente memorial en el distrito federal. La dama argentina estaba contenta pero cansada cuando descendió de su caballo para estrechar las manos del embajador argentino en la organización de Estados Americanos, José Vittone, el delegado suplente, Carlos Alberto Cortina, el doctor Jorge Alfonso y otros miembros de la delegación argentina."

Se me dice que podré visitar al presidente Eisenhower y trato de ver ante todo al embajador argentino, señor Ezequiel Paz. El prestigioso diplomático no se halla en

Washington, pero soy recibida con exquisita gentileza por su señora. Acudo a una gran fiesta en la embajada del Perú donde me colman de inmerecidos agasajos.

Mis paseos por Washington me hacen conocer esta admirable población con el aspecto de una gran ciudad provinciana y tranquila, poblada por doscientos mil funcionarios públicos, de hábitos metódicos y vida sosegada. Toda la urbe da al río Potomac y se desborda más allá de lo que en un principio era su recinto, es decir, del Capitolio, núcleo de hermosas avenidas, algunas de ellas de una anchura mayor de treinta metros. La cúpula del Capitolio descuella sobre los edificios de piedra y de mármol, sin el paisaje de rascacielos, desterrados de la arquitectura de la ciudad por disposiciones municipales. Esto le da un carácter distinto al de todas las grandes urbes norteamericanas. Me encantan tantos frondosos árboles prodigando su sombra o su verdor. Tantos olmos y arces y bosques naturales, y dilatados parques con arroyos y toda clase de adornos naturales. Aquí afluyen, desde distintos puntos del país, los técnicos y los que tienen que diligenciar asuntos de carácter oficial.

La Casa Blanca me sorprendió porque siendo un bello y armonioso edificio de piedra blanqueada, no tiene ninguna opulencia de palacio sino la sencillez de la mansión particular de cualquier familia bien acomodada. La importancia que, como he dicho, se ha dado al verdor natural en el trazado de Washington, me alegró los ojos al encararme con el Capitolio, importante edificio de mármol sobre un fondo frondoso de jardines y fuentes. Se me agasaja en fiestas que organizan los estudiantes y hasta el azar —como quiera llamársele— me depara un acompañante tan tenaz que durante algunos días pienso si no seremos dos los realizadores del raid. Creo que es estudiante a juzgar por su porte y juventud. Tiene el capricho de vestirse de charro y no se separa de mis cabalgaduras ni un solo momento. Sus amigos lo llamaban "Mexican" pero hablaba en correcto inglés. Al principio y en general puse la mejor de las caras a sus gentilezas, pero después decidí continuar mis gestiones y andanzas sin preocuparme mayormente de su compañía.

La perdí, pues —y agradezco sus desvelos y halagos— en el trayecto Washington-Nueva York, donde estuve a punto de enloquecerme. El tránsito era excesivo para mi marcha con los pobres animales. Estaban tanto o más asustados que allá en la selva, cuando tenían que hacer peligrosos equilibrios sobre troncos caídos o se desgarraban los pies en la maleza. Los autos pasaban a pocos centímetros de ellos, casi raspándolos. Trataba yo de que se apretasen todo lo posible para ofrecer el menor blanco a una embestida de malas consecuencias. *Chiquito* se comportaba mejor y se dejaba gobernar mientras iba habituándose a los resoplidos de las interminables caravanas de motores. *Furia,* por el contrario, se espantaba a tal punto que en muchos casos corrió el riesgo de precipitarse en la trayectoria de un vehículo. Cierta vez dió un salto para evitar un automóvil muy veloz y casi fué a dar de pechos con un ómnibus gigantesco y larguísimo que pasó rozando su cabeza y luego su anca. Tan cerca pasó el costado del autocar que las personas más próximas a las ventanillas apartaron sus rostros con un grito creyendo que iba a rozarles el hocico de *Furia.* Otras veces estuvimos en trances parecidos. Me dolían los brazos de tenerlos en tensión con las riendas para tratar de que no se apartasen los caballos ni una pulgada, a ser posible, del estricto lugar de su paso.

En otra ocasión, yendo de carguero, *Furia* se escurrió arrastrándome con el fuerte tironear. El maremágnum de los vehículos al detenerse, las bocinas de los autos, las pitadas de los agentes, formaban un estruendo indescriptible.

A fuer de sincera, habré de confesar que los conductores de los vehículos se vieron también en apuros por causa mía. Pero en el accidente ocurrido en la Ruta 9-W, al cual aludo anticipándome en el orden del relato de mi viaje, no tuve verdadera responsabilidad. He aquí el despacho de United Press, publicado por Red Hook en la prensa: "La amazona argentina Ana Beker estuvo ayer a punto de sufrir un serio accidente en la Ruta 9-W, cuando dos automóviles chocaron violentamente a espaldas de ella. Según informaciones de la policía, una de las personas que viajaba en uno de los automóviles fué llevada inmediatamente al hospital, al parecer con heridas graves. La amazona argentina, que viaja a caballo desde Buenos Aires a Ottawa, y está recorriendo la última gran etapa de sus veinticinco mil kilómetros a caballo, manifestó: 'Espero que no se me culpe de este accidente, porque yo iba por esa carretera de tres carriles, por la parte de tierra que queda al exterior de la misma.' La dueña de la casa desde la cual habló Ana Beker, situada cerca del lugar del accidente, a unos siete kilómetros de este pueblo, aseguró a United Press que la policía sólo había interrogado a Ana, con el fin de investigar el accidente, sin pretender culparla. Ana, más calmada, declaró que seguiría viaje, y que fuera de este percance de hoy no había tenido ningún inconveniente de este mismo género."

Una vez traspuesto el puente Jorge Washington, penetro en esta urbe gigantesca, tantas veces descrita y ponderada constantemente. Los caballos parecen acostumbrarse a las moles de cemento y al ir y venir del enjambre humano. Nunca como ahora hemos llegado mis compañeros y yo a representar contraste tan violento con el medio ambiente. Fuera de algún aviso de propaganda de un circo o de una película, nuestro paso por las avenidas, no tiene semejante.

Pero todo esto sólo constituye la parte menos incómoda de mi raid. Con ser tan grata, apenas si merece figurar en el relato de mi viaje. Figura porque la omisión dejaría incompleta mi pequeña historia y el extenderse mucho en las satisfacciones que se reciben en una ciudad como ésta, podría ser un incentivo para quien sueña con una aventura del género de la mía. No, las 990 partes de cada mil son lo contrario de esta facilidad.

Le debo en gran medida a la gente de los periódicos de la United Press, la radio, etc. la satisfacción de que hablo. Personal de la Paramount me escoltó casi constantemente. Todos ellos me acompañaban y no me abandonaban hasta encontrar alojamiento a propósito para los caballos.

En algunos casos, como ocurriera en otras ciudades americanas, tuve que esconderme verdaderamente para descansar de los solícitos amigos de la familia periodística. A cualquier hora de la noche o en las primeras horas de la mañana llamaban y se traían un ambicioso plan de acción para la jornada, incluídas preguntas que nunca faltaban y que formulaban, implacables, los periodistas.

Al señor Julián Ortiz, hijo de la famosa estrella teatral Mecha Ortiz, cónsul de la Argentina, le debo muchas atenciones en Nueva York.

La gigantesca metrópoli no se borra en el conjunto de mis impresiones. Por primera vez me he sentido ante el milagro de esta roca Manhattan horadada en sus entrañas por túneles y elevándose hacia el cielo en la dimensión fabulosa de sus edificios. Un islote cavado hacia abajo y conquistado hacia arriba que nos muestra todo lo que puede el inmenso trabajo del hormiguero humano.

Recorrí Broadway, que corta en diagonal la población y la Quinta Avenida, hasta el formidable Parque Central. Subí al mirador de la torre del Empire State y recorrí las calles de Este a Oeste y las avenidas de Norte a Sur. La Segunda, la Séptima, la Décima, hasta la gran pista de River Drive. Mi ínfima figura con los dos caballos parecía minúscula, ni siquiera un grano de arena en el laberinto de piedra, de cables de acero y de cemento. Me llamó la atención, sobre todo, en la ciudad coloso, la arteria impresionante de Broadway y el espacio de Times Square. Se llama la primera la "Gran Vía Blanca" y es, según me decía un mejicano, profesor de castellano que me acompañaba, como un resumen del mundo donde se da cita el muestrario de la humanidad y donde todas las variedades de una feria que trepida enloquecida, existen y se agitan al mismo tiempo. Por algunos instantes mi admiración se incorporaba al ruido, las luces y la multitud como mareada y contenta de pertenecer a ella; pero pronto sentía la nostalgia del campo sereno y la pampa apacible que me vieron nacer y crecer.

Unas cuantas jornadas más —bien extensas aunque no se detallan— y me encuentro al final del gran país de América del Norte, orgullo del progreso moderno. Sería fatigosa la sola mención de las personas y entidades a las cuales debo gratitud. Baste mencionar a los periodistas que tomaron la pluma para ocuparse de mi viaje. A Nick Cariello, de *New Iberia;* a Stan Redding, de *The Houston Chronicle;* Dick Weber, de *Beaumont Enterprise;* Milton Lewis, de *New York Herald Tribune;* Bernie Goodrich, de *The Evening Star;* Monk Jones, de *Bristol Herald Courier;* Virginia Davis, de *Kingsport Times-News,* que me brindó su amistad fraternal; Ruth Martin, de *The News Journal,* de Bradford; Virginia Stan Hochman, de *The Tuscalosa News;* John Hammer; Clarke Stallworth, de Birminghan; Elliot Chase; Orlan Jones, de *The Liberty Vindicator;* Barnett Fowler, de *Times Union...* y en fin, Katherine Van Eoos, Brodie Snyder, de Baryshe; Maulding Sinclair, Lewis Sanding, y otros que omito por no hacer la lista interminable.

Nunca olvidaré lo que para mi viaje ha significado el gran país de los Estados Unidos. Funcionarios, policías, gente anónima, el pueblo todo, tuvo hacia mi persona la actitud más deferente y más generosa. El progreso en que vive la gran república del Norte y esta conducta de sus habitantes, hicieron más grata que penosa mi marcha y

compensaron todos mis esfuerzos a través de tan dilatada
nación.

CAPÍTULO XXIX

OTTAWA: HE LLEGADO

Junto a la frontera canadiense, en Champlan, me invitaron a tomar parte en la función de un circo, exhibiéndome en él con mis caballos. Lo que podía haber sido solamente un motivo de orgullo y de lucimiento para los animales se convirtió en una nueva penalidad para ellos, y especialmente para *Furia*. Como quiera que el dueño del circo había hecho instalar a mis caballos en el mismo establo, juntamente con otros de los números ecuestres, éstos no encontraron agradable la proximidad de *Furia* y *Chiquito*. Eran aquellas bestias muy fuertes y atacaron a las mías. A *Furia* lo patearon y mordieron causándole lesiones.

Al dolor que me causaba contemplar aquellas lesiones, hay que agregar trastornos de otro orden. Ya en la frontera del país, la inspección veterinaria canadiense torció el gesto e hizo uso de las disposiciones que prohiben entrar al país a animales defectuosos. Después de muchas observaciones, de discutir, de palpar y volver a palpar las heridas, el veterinario titular, doctor Jean Blais, acabó autorizando a *Furia* el paso de la frontera. Al pie de la misma, en la raya divisoria, estando atados a un árbol los dos animales, unos motoristas produjeron de súbito un ruido muy estridente. *Furia* se espantó, se desató y emprendió veloz galope en dirección al Canadá. Con no poco trabajo pudo atajársele y cuando estaba tranquilo y me lo devolvían, alguien observó bromeando:

—No quiere saber nada con los canadienses. Desea quedarse en los Estados Unidos.

Pero, finalmente, heme aquí en el Canadá, país que constituye el término de mi empresa. El corazón me late más frecuentemente que nunca. Les digo a *Furia* y a *Chiquito:*

—Los sufrimientos llegan a su fin. Ya no es más que un paseíto de placer. Aquí es lo mismo que trotar o andar al paso por un parque.

Efectivamente, en gran parte de la ruta se diría que sólo me contempla la obra amorosa del cuidado y el cultivo del hombre. Los caballos relinchan con satisfacción y a todos mis comentarios de gozo responden inclinando afirmativamente la cabeza.

En todos los pueblos me esperaba formada la gente y los niños en dos filas. Pocos eran los habitantes que faltaban a la recepción de los domingos.

En menos de tres días de marcha por estas magníficas carreteras me planto en Montreal, una de las hermosas ciudades del país. Para no extenderme demasiado en cosas acerca de las cuales ya me he extendido, no haré la relación de las atenciones recibidas. En *The Montreal Star, The Gazete* y en *La Presse* de aquellos días de junio de 1954 se encuentra relatado todo ello por las plumas de excelentes reporteros y periodistas. Una vez más he de mostrarme agradecido al gremio, pues crucé el puente Victoria y penetré en Montreal acompañada de periodistas. Es verdad que su desvelo era compartido con cierta amable pero eterna rivalidad por los colegas de habla inglesa y habla francesa.

Al pasar el puente Victoria pagué con alegría la moneda que es de rigor y le pregunté a la amable persona encargada del cobro:

—¿Cómo se llama?

—Bob Burns.

—Anotaré su nombre.

Y otro que no olvidaré nunca es el de J. W. Mc Connell, director del *Montreal Star*, a quien debo especial mención. Tampoco olvidaré la escolta de la policía y mi firma con mi nombre y el de mis caballos en el libro de oro de la municipalidad.

Una de mis satisfacciones es aquí la de comunicarme por medio de las emisoras particulares con diversos puntos de todo el mundo. Desde Montevelo me puse al habla con la Presidencia de la República Argentina y con personas de interés amistoso y afectivo para mí, con las de clubes hípicos de Colombia. También me comuniqué con Cuba, con otros lugares de otras latitudes, pues, como sabrá el lector, la red mundial de radioaficionados es una institución de la cordialidad humana a través del espacio.

De Montreal a Ottawa me aproximo a la meta y el corazón me salta como un pájaro inquieto en el pecho. Ya en la bella capital canadiense no me detuve hasta llegar al lugar en que había de poner a mi raid la ansiada palabra "fin". Este lugar era el frente de la Embajada argentina. Llegué allí a las 4 de la tarde del día 6 de julio de 1954. Una gran cantidad de público se había congregado en aquel sitio y, según me dijeron, nunca se vió allí tanta gente.

En el interior del edificio estaban instalados los micrófonos de Radio Canadá, para hacer la transmisión a América Latina así como a la población inglesa y francesa del país.

Todos se desviven por atenderme y llevarme a sus casas e invitarme a comer. A quienes lo hacen así yo les pregunto:

—¿Y mis caballos?

Entonces traen avena en cantidad para ofrecérsela a los que yo considero verdaderos héroes del raid.

Me instalan en un hotel de primera clase y me veo con un auto Cadillac para atender a mis diligencias. *Chiquito* y *Furia* son alojados por de pronto por los señores Stevenson, los cuales tratan gentilmente de resarcirlos a última hora de sus antiguos y largos sufrimientos.

Oigo las voces de la radio que me aluden. "La amazona argentina que acaba de atravesar el continente..." "Hemos saludado a la heroína de la impresionante hazaña..." Yo siempre digo en mi fuero interno que tantos parabienes deben ser ampliamente compartidos por *Chiquito* y *Furia*, y los hago partícipes de los elogios. La Sociedad Hípica me ofrece una hoja de arce hecha de plata. Los consejeros municipales de Ottawa, señores George Sican y Wilbert Hamilton, recaban el honor —que en realidad es mío— de posar con los caballos tomados de la brida. La actitud de muchos funcionarios municipales fué uno de los alientos de mi raid. Siempre recordaré cuando aquí mismo el alcalde de la villa de Hull, señor Alexis Caron, me hizo firmar su libro de oro. Veo mi fotografía, con los caballos a mi lado, reproducida en los diarios. El aliento y las felicitaciones del embajador argentino, señor Lucas Galigniana y de su gentil esposa; del doctor R. Cherry, presidente de la Sociedad Hípica, los señores Stevenson, ya citados, Dayton y otras muchas personas, me afirman en mi idea de que fué feliz la idea de realizar el raid a que acababa de dar feliz término.

Y, en realidad, la historia ha terminado. El lugar de la meta pone fin a todas las vicisitudes, a todas las zozobras y a todas las ansiedades. De todas ellas las más fuertes, las más punzantes para mí han sido dos: la suerte de mis fieles caballos y la posibilidad de no poder cumplir mi empeño. Lo que yo quería demostrar, dicho y explicado tantas veces, queda demostrado indudablemente.

Todo lo demás pertenece al regreso: es el epílogo del raid. El presidente de la República Argentina me envía pasaje para mí y para los caballos después de algunas gestiones, en vista de mi precaria situación económica. Mis dos "pingos" embarcan con su compañera de tantas aventuras en el "Río Tercero" de la Flota Mercante del

Estado argentino; ahora —pienso yo— con todas las comodidades, una casilla a propósito que se construye en cubierta para ellos; no me separo de su lado...

Hemos partido el 27 de agosto. Y cuando ya creía que
no iba a tener que habérmelas con ningún contratiempo, he de añadir el último susto compartido con mis
caballos. En el arranque del viaje de retorno una tormenta de violencia excepcional sacude al "Río Tercero".
El temporalazo trastorna cuanto se halla sobre cubierta.
Caen los autos instalados para su transporte. Las casillas
construídas para mis animales están en peligro. El azote
rompe las amarras y saca el barco del puerto. Los animales, como siempre, han barruntado el peligro. Su instinto
suele ser el mejor anuncio en estos casos. Se ponen tristes,
dejan de comer, y no les falta más que hablarnos y decir-
nos que un grave contratiempo se nos viene encima. En
cambio es de ver la alegría de sus ojos, de sus orejas y
de su actitud cuando sienten la proximidad de la tierra
y ven a lo lejos el primer verdor o los primeros árboles.

El 27 de setiembre de 1954, veo tierra argentina. No
regreso, al menos, sin cumplir lo que prometí. El destino
me ayudó acaso sin merecerlo.

Henchida de emoción, con los ojos húmedos de lágrimas, pongo los pies en mi tierra bendita, convencida de
que todas las tierras son benditas para sus habitantes. En
ella, en la mía, me reuniré junto al fogón de los recuerdos
con los únicos testigos de mis alegrías y de mis momentos
de pavor, los dos nobles caballos con los cuales regreso.
Ellos y yo, solamente, nos comprendemos de verdad y
sabemos bien cómo son las horas de mayor entusiasmo,
de mayor soledad y de mayor desaliento.

Ahora estoy contenta y sonrío; ellos están alegres y
relinchan...

FIN

ÍNDICE